www.ingramcontent.com/pod-product-compliance
Lightning Source LLC
LaVergne TN
LVHW041139150826
845673LV00001B/51

ذاكرة الياسمين

رضوان صابر

ذاكرة الياسمين

شعر

إصدارات دائرة الثقافة، حكومة الشارقة 2022 م

الناشر: دائرة الثقافة - حكومة الشارقة - الإمارات العربية المتحدة

الهاتف: 5123333 6 971+

البرّاق: 5123303 6 971+

الموقع الإليكتروني: www.sdc.gov.ae

البريد الإليكتروني: sdc@sdc.gov.ae

الطبعة الأولى 2022

811.964

ص ر. ذ

صابر، رضوان

ذاكرة الياسمين / رضوان صابر .-الشارقة، الإمارات العربية المتحدة : دائرة الثقافة، 2022.

376 ص؛ 21X14 سم.

1 – الشعر العربي – المغرب

2 – الشعر العربي – دواوين وقصائد

أ – العنوان

ISBN: 978-9948-826-41-5

«صارت القصائد مأوى»

اختار الشاعر رضوان صابر القصيدة ملاذاً أبدياً للكتابة، في حرص واعٍ على استكناه أسئلة القصيدة وأفق الشاعر. تجربة ومسار طويل، راكم خلالهما منجزاً إبداعياً، يمثل بعضاً من راهن القصيدة العمودية اليوم في المغرب. ظلت القصيدة مأوى يلجأ إليها الشاعر، كلما هدّه سؤال وقلق الوجود، وانجراحات الزمن وانكساراته.

ولعله اختيار، يؤسس لمسار رؤى، تلامس أسئلة الكتابة الشعرية واختياراتها، ضمن حرص بليغ على هذا الانفتاح الباذخ على رهان الشعر، في زمن تبدو فيه هشاشة الكائن، والتباسات المعنى في عالم ظل، إلى اليوم، يرسخ بعضاً من وظيفة الشاعر في تلمس حروف الأبجدية، وهي تسمو إلى دلالات ثاوية، ورهان على أفق الكتابة الرحبة.

ينتمي الشاعر رضوان صابر (مواليد قلعة السراغنة 1978م)، إلى شجرة الشعر المغربي الوارفة، ضمن هذا النسيج المتعدد من أنماط الكتابة، كما أن اختياره الوفاء للكتابة الشعرية، ضمن حرص بليغ على نسج سفر خاص للنص الشعري، وحوار خلاق مع التجارب

الشعرية العربية. ظلت القصائد، ومجازات الحرف، وسحر القوافي، اختياره وملاذه لكينونـــة النص، هذا المنجز، والذي تراكم إلى اليوم، يشـــكل نافـذة وكوّة على تجربة شـــاعر اختار اليـوم، أن تكون ذاكرة الياسمين، هي ديوانه الأول.

تهيمن على قصائد الشاعر، رضوان صابر، فكرة أساسية مفادها هذا الحلول الاختياري والإرادي في القصيدة. يتحول النص إلى سكن صوفي، وملاذ روحي يشـرح فيه ذاته وانجراحاته، ويتقاسـم ذاكرة الورد وحمولاته المجازية مع المتلقي، هي إرادة واعية من الشـــاعر، في أن تكون القصيدة اختياراً أبدياً لكينونته.

وحيـن «تقول الحكايــة: إن هناك قصيدةْ/ تجوب الفـلا والفيافِي/ وتسبح فوق الضفافِ/ لتكسب في البوح روحاً جديدةْ»، فثم ضوء في نهاية الطريق، تفتحه مجازات الشـعر للبوح الآسر، كي يخط الشاعر بعضاً منه، أو ينكتبا معاً، الشاعر وقصيدته في مجازات البياض، في أول إطلالة من نافذة هذا الديوان.

تتقاسـم دار الشـعر بمراكش، هذا الإصدار الشعري مع المتلقي، للشـــاعر رضوان صابر ولذاكرته من الياسـمين، وهــي تصدح بين استعارات البوح، وسفر الحرف إلى أحلام الأبجدية.

العشق بلوى...

بيــنَ قلْبِي... حكايـــةٌ ليس تُرْوى
إنّني... قدْ عَشــقتُ والعشقُ بَلْوى

سافرتْ...في همسِ القوافيحروفي
فاسْتقرّتْ.. في الروح باقةَ نَجْوَى

وَلَكــمْ عُــدتُ.. تائهــاً فــي خيالٍ
أرتجي في الآفاقِ... ما لستُ أَقْوَى

أنا ما كنتُ..!! أعزفُ الحرفَ شعراً
كيف بي...؟؟ صارتِ القصائدُ مأْوى

أناماكنتُ..!!في مدى الليل أصحُو؟؟

كيف أدْمنْتُ في مدى الليل صَحْوَا!!

هيَ أوْتارُ العشــقِ.. حلّتْ بروحي

تعزفُ الألحانَ الشّــجِيّةَ نشــوَى

ســكبَ الليلُ... فــي رؤاها جمالاً

فإذا القلبُ يشــتكي... دون جدْوى

غزلَ العشــقُ في دمــي ألفَ بيتٍ

فإذا الشعرُ.. فوق ما كنتُ أهْوى!!

بعض الناس

أرى بعــض الأنام لهــا قلوبٌ
كمثــل الريــح دورتهــا هواءُ

فحينــاً تصْطفيــكَ بــكلِّ ودٍّ
وحينــاً فــي دَواخِلهَــا جفاءُ

ولســت بطالــبٍ يومــاً وداداً
إذا ثــوبُ النفــاقِ لــهُ رداءُ

دع عنك داء الغرور

يا صديقي

دع عنك داء الغرورِ

كل مغرورٍ

قد جفاهُ ضميري

كنت أصفيك

للوداد بحبٍّ

غير أنّ الغرور

خان شعوري

لست أرضى

بمنْ يتيه اختيالاً

ويرى لي مقرراً

بمصيري

لست أرضى

مسلطاً في حياتي

يحشر الأنف

دائما بأموري

الشعر أوزان

يا مطلقاً للقوافي

لست تلجمها

مزقت أثوابها

والشعر أوزان

أمسكْ حروفك

إن القول منفلت

لا الشعر شعر

ولا الميزان ميزان

لا يطرب العود

إنْ أوتاره قطعت

إن المضارب

أوتار وألحان

ليس ذنبي

ليس ذنبي

إن بان مني الجفاءُ

ذاك أني صبرت

لما أساؤوا

لا يلام المحبوب

أخْطأَ يوماً

كيف صبري

وكله أخطاءُ

ضقتُ ذرعاً

في كلِّ يومٍ صدودٌ

وتعالتْ في

صدريَ اللأواءُ

ليس حبّاً

هذا الذي صحَّ عندي

إنني

من دينِ الغرام برَاءُ

دلني:

يا قلبي أما زلْتَ صبّاً

في هواهُ...

فقال لي: لا هراء

تكالب

تكالبـــت اللئـــام علـــى يراعي

وذاكَ لمـــا رأَوْهُ مِـــنِ انْدِفَاعِي

ألا تبَّتْ.. ســـهامُ اللــؤمِ تترَى

تحاول ما تحـــاول لانْصِيَاعِي

لتُفرحَ حَاســـداً جُزْنـــاهُ عمداً

ويطمعَ منْ غدا جزرَ الســـباعِ

فقلْـــتُ الصمتُ يرجعني لطبعِي

ويبعدني عـــنِ اللَّغْوِ المُشَـــاعِ

وَتُبْـــتُ لأنني عَايَنْـــتُ جَهْلاً

وَصُمْتُ عنِ التداعي في التداعي

فَمــن رضي الوفاقَ نزيــدُ بِرّاً
ومن طلب النِّــزَالَ فلِي ذِرَاعِي

وَمنْ تــركَ النفاقَ لــهُ ودادي
ومنْ غالى فَمِنْ سَــقطِ المتاعِ

مجالي الأمس ما زالتْ ورائي
تلملم ما تســاقطَ منْ شــراعي

وَنَفْسِــي لَنْ تُنِيبَ لِثَــوْبِ ذلٍّ
ولوْ ركــبَ الكَهَانَــةَ لابْتِلَاعِي

هذا الهوى سحر

قالت وفي القلــب نبضٌ من لواعجها

أما اســتترتَ عــن الأنظــار إذ تأتي

فقلــت والعيــن تاهت في محاســنها

وهــل تركــت لعقــل فيك يســتفتي

إذا خرجــت فــلا قلــبٌ يطاوعنــي

ولا انتبهــت لمن يمضــي ومن يأتي

كأن هــذا الهــوى ســحرٌ تملّكنــي

فلســت أعلم مــا فوقي ومــا تحتي

مدحوه...

مَدحُـــوهُ بقـــولٍ فَانْتَفَخَا　　وإذا صوّبْتَ لـــهُ جَفَخَا
أيـــرى الأشـــعارَ بقافيةٍ　　وقصيدٍ مَنسُـــوخٍ نُسِخَا
أوليس الشعر جزالة لفْـ　　ـظٍ يُقرأُ.. كيف به فَشَخَا؟
ويعيــدُ قصيـــداً نعلمهُ　　يا ليت الشِّعْرَ به شَمَخَا
والشعر شـــعورٌ مختلجٌ　　والشعر قصيدٌ قدْ رَسَخَا
يا للشِّـــعرِ المملولِ بلا　　ذوقٍ والحرفُ قدِ انْسلخَا
ومضى يلقي ما ليس لهُ　　فإذا بالشـــعر غدا مُسِخَا

قسم

بليت برهـــط همّهم نيـــل إعجابي
فلا حق لي في خلوتي بين أحبابي

فإن غبـــت يوماً جاءني صك منذر
كأني رهيـــن القوم دومـــاً بآدابي

يـــودون منـــي مـــا يعـــزّ دوامه
صبـــور ولا يرضون إلا بإغضابي

فأقســـم بـــالله العظيـــم ثلاثـــة
لئن كرروا التوبيخ ما هم بأصحابي

صدق الهوى

أفتّش في ذاتي عن الصدق في الهوى
فأسـلم أمري يائسـاً دونمـا جدوى

وذاك لأن النـاس تعشـق نفسـها
وإن وهبـتْ حبـاً ففي حبهـا بلوى

نقيـم علـى صفـوٍ نريـد دوامـه
ويحيا حبيب الروح في غير ما نهوى

وهم الصغار

تنابحـــتِ الصغار مـــع الصغارِ
وظنونـــي ســـريع الانكســـار

وســـيفي فوقهم مـــاضٍ صقيلٌ
يجنـــدل كل جيـــش مســـتعارِ

قوافي الشـــعر مني لا تجارى
تطـــاول شـــعر قيـــسٍ أو نزارِ

ومن ركـــب الغرور يرى بروقاً
تعالجـــه فيمســـي في خســـارِ

فلا غـرٌّ يزيـح التـاج عني

ويعجز في افتخـار كافتخاري

فإن صغت القريض أنال مدحاً

وإن قُـرِئ النهيـق فللحمـارِ

أبيـد بغيظكـمْ قلبـاً مريضـاً

يسـارع إن دعوه إلـى الفرارِ

مررت على قبر...

مـــررتُ على قبـــرٍ فخلْـــتُ رُفاتِي
وفكّـــرْتُ فـــي مِيقاتِ يـــوْمِ وَفاتِي

وماذا أتيـــتُ اليومَ هلْ ثـــمّ صَالحٌ
قُبيـــلَ تَصيحُ النّفْسُ يـــا لَحَياتِي؟!

فلوْ تُرْجَـــعُ الأَرواحُ بعـــدَ وفاتها
لمـــا فرّطتْ يومـــاً بوقْـــتِ صلاةِ

فيـــا أيُّهـــا الإنســـانُ إنّـــكَ كَادِحٌ
لربِّـــكَ كَدْحـــاً فاسْـــتَمِعْ كلماتِـــي

سَــتُلحَدُ لَا تركُــنْ لدُنيــاكَ غافلاً

فيــوم حلــول القبر لا شــكّ ياتي

ومنْ يسْــتَطِبْ لِلذِّكــرِ فالقبرُ هينٌ

ومنْ يســتكنْ للذّنْبِ في حَسَــرَاتِ

فليتــك تصغــي فالحيــاةُ قصيرةٌ

وما لــي إليكَ اليــومَ غيرُ عظاتي

وبعض الهوى...

وبعض الهوى كالماء في سطح جدولٍ
إذا لعبتْ فيه الرياحُ تغيَّرَا

وبعض الهوى في الصدقِ مثل صفيحةٍ
بحافرِ قلبٍ في الشغاف تجذَّرَا

فما أعجبَ المعشوقَ من سوء ظنِّهِ
إذا ما رأى عشقاً طغى وتجبَّرا

فيا عاتبَ المشــتاقِ ذقْ بعــضَ مُرِّهِ
فلــوْ ذقتــهُ أمســيتَ منــهُ مُحيَّــرَا

تمــدُّ إليــك الذارعــات بحضنهــا
ومــا زدتَ إلا قســوةً وتنكُّــرَا

فتهْ في ثياب الزَّهو إنْ جئتُ عاشــقاً
فمــا دام عشــقٌ إنْ لقيــتُ تكبُّــرَا

يأسي يسرج حرفي

على وتر اليأس يسرج حرفي
كأن القصيـد يعلـل نزفـي

أنا الشاعر المرهق اللحن أشدو
وفي كنف الشـعر أكتب عزفي

جناحـاي مضمومتان بصدري
وفي رهج الريـح أنثر عرفي

أعلّـل نفسـي بأني سأسـلو
وأني سـأضرب نحسي بكفّي

ولكننــــي قــد رجعت حســيراً

أصيــح بنــار التعاســة يكفي

فلا أمل فـــي أفق الليــل يبدو

ولا سكن من ألم الجرح يشفي

ولــولا يقينـــي بــربّ رحيــم

لودّعت عيشـــي وآثرت حتفي

هو الله يعلم مــا يجول بروحي

ويعلــم ما قد ســأبدي وأخفي

إلــى الله أضــرع دومــاً بليلي

وأوقــن فـــي الله يرحم ضعفي

لا تكوني كوكب نار

حاســبي أن تبددي الحب فينا
واحرصي أن نحيا الغرام جنونا

لا تخافي فالعشــقُ عذبٌ جميلٌ
والمحبُّ الصدوق يهوى الفتونا

لا تكوني في الشــك كوكبَ نارٍ
في منافي الظنون صار سجينا

ودعي الشوق في رؤاه سعيداً
وحده الشــك يقتل العاشــقينا

ذكر الحبيب

ذكــر الحبيــب بقلبي عطر أنفاســي
يخالط الروح في نبضي وإحساســي

يا مــن ســكنت بأعماقــي وأوردتي
لا حد للعشــق في عرفي ومقياســي

إنــي جعلتــك أذكاراً أرددهــا
والشوق في عمق نفسي ثابت راسي

ما زلت أســبح في شــعري وأحرفه
حتى غدا الحبر من صحبي وجلاســي

محمـــد الخير مـــن ترجى شـــفاعتُهُ

في الحوض يوم يموج الناس بالنـاس

من قـــال أن الـهوى مسٌّ ووسوســـةٌ

فحـــبُّ أحمد من مسّـــي ووسواســـي

ما زلت أكرع من خمـــر الهوى طرباً

وأســـكب الخمـــر ألوانـــاً بأكواســـي

كأنمـــا العشـــق موصـــول بأزمنتـــي

ففي فؤادي وفي صدري وقرطاســـي

حكاية عشقٍ

حكايـــة عشـــقٍ فـــي روايتهـــا فصلُ
صدود حبيبٍ ســـهمه الأعيـــن النجلُ

تجافـــى وكان الحـــب كل حياتنـــا
فـــلا أمـــلٌ يبـــدو ولا زمـــنٌ يحلـــو

فـــؤادي بـــه شـــوق المعنـــى بليله
وحظي من الأشواق ضاقت به السُّبلُ

وربـــك مـــا عـــاد الزمـــان يســـرني
إذا لـــم يجد بالوصـــل يومـــاً لنا خلٌّ

وربك مـــا شــمس الأصيــل بحمرة

وإلا تحاكــي جانحـــاً علّــه نصـلُ

فيا من على ثوب الأســى قد تركتني

أليس عذاباً أن يخــون الهوى الأهلُ

أراقـــب في صبـــرٍ وشـــوقٍ مروركم

ومـــا همّني عتـــب ولا همّنـــي عذلُ

يمينـــاً لقد أشـــقى الغـــرام جوانحي

أحـــنُّ إلـــى مـــاضٍ، فضائلـــه البذلُ

أحـــنُّ إلى مـــاضٍ، زهانا بـــه الهوى

فغائبــه وصـــلٌ، وحاضـــره قتـــلُ

ألا يا زمان التيه

وكيف سـيرضي الناس ما أنت كاتب
وكل امـرئ قد غيّرتـه المذاهب

فمـن كان يوماً صاحبـاً صار حاصباً
ومن كنت تصفيه الهوى عنك غائب

ألا يـا زمـان التيـه إنـك ظالـم
ويـا أيهـا المختـال إنـك خائب

أمثلي لـــه العتبى ومـــا كان مذنباً

وذنبــك أنكـــى والتبصـــر واجب

أراك علـــوت الكبـــر حتـــى أهنته

ومثلـــك لـــم ترفع عـــلاه المناقب

ومـــن ظن أن المجـــد مجد مراتب

فسوف تخون المجد تلك المراتب

سحر حلال

كمثل عينيك في النســوان لم أجدِ
غمَّــازةَ اللحظِ بــل نفَّاثــةَ العقدِ

كالقوس حاجبكمْ يرمي بأســهمهِ
من داعشــيَّتهِ أمســيتُ فــي كمدِ

والهدب مكتمــلُ الأوصاف معتدلٌ
لــو خيَّرونيَ.. لمْ أنقُــصْ ولمْ أزدِ

ســحرٌ حلالٌ تجلَّى.. عزَّ مشــبههُ
من حسنه أشعلَ النيرانَ في جسدِي

سبحان ربي الذي بالحسن جمّلكمْ
لــولا ضياعي بلا عقلٍ ولا رشــدِ

ما نلت الجواب...

هجرتك ثم عـــدت إليك أجري
لأن هواك في الشـــريان يجري

وأعلـــم أننـــي ضيعت نفســـي
وغير رضاك لن يشفي لصدري

حنانـــك لا تكلنـــي لليالـــي
فشـــهد العمر أنت وأنت تدري

وجئت أسوق عذراً خلف عذر

فليتـــك يا حبيـــب قبلت عذري

حروف رســـائلي تترى بشوق

وما نلت الجواب ولو بســـطر

أعانـــق فيك ذكـــرى لم تدعني

لأســـلو عنك والذكـــرى كجمر

جنيـــت ومـــا جنيـــت دوام ودّ

ولما جئت صبري انباع صبري

أيها الشاكي

أيُّها الشَّــاكي أَنَّ عيْشَــكَ مرٌّ
انْسَ يَوماً بين الأســـى لا يسُرُّ

وإذا مــا أتــاكَ زائــرُ هَــمٍّ
دعْهُ فـــي غيْهــب الليالي يمرُّ

لا تقلْ لي قد أوجَعَ القلْبَ جُرْحٌ
فجراحــاتُ الأمسِ لا تسْــتقرُّ

إنَّمــا هــذه الحيــاةُ شــراعٌ
ومتاهــاتُ الدَّهْــرِ كــرٌّ وفــرُّ

أوقدِ المصبــاحَ الوضيءَ بروحي

ودعِ الحــزنَ فالتَّصَبُّــرُ طهْرُ

والتحِفْ بالمنــى وعذب والأماني

وارْكبِ الحمدَ إنَّما الحمدُ شكرُ

ما لمنْ يرجو في الحياة ســروراً

غير صبرٍ يَطــولُ فالعيشُ مرُّ

أنــا لا أعشــقُ الحيــاةَ شــقيّاً

ذاكَ أنــي للهــمِّ لســتُ أُقِــرُّ

يا طيــوفَ الأحلامِ تيهــي بفكْري

إنني صابــرٌ ولوْ عيــلَ صبرُ

لا أُبالــي بالهــمِّ أوْ بالتَّشــكِّي

إنَّ ربِّــي لــهُ بأمْــريَ أمْــرُ

لســت أشــكو إلَّا لمــولايَ أمري

إنْ شــجاني الأســى إليهِ أفِرُّ

كيــف آســى ولــي إلــهٌ رحيــمٌ

ليس ينســاني إذا ما نــابَ دهرُ

إلى متعنّتة...

أراك تماديـــت غيـــاً ومكـــرا
وذان رحيلـــك فـــازددت نكرا

تطاولـــت فـــي طيشـــك حتى
ظننـــت بـــأن الصبابـــة مهرا

ومـــاذا أقـــول ومـــاذا يقـــال
ســـوى أنني صابر نـــال غدرا

أحييك مـــا عاد لـــي فيك عذر
فقد زدتني اليوم في العذر عذرا

أمجنونـــة أنـــت حتـــى تظنـــي

بـــأن الكســـور ســـتحتاج جبـــرا

سننســـى فضمّـــي جنونـــك عني

وطيـــري بعيـــداً وكونـــي كذكرى

دعينـــي دعينـــي أعيـــش شـــقياً

بعســـري... فإن مع العســـر يسرا

أقمنـــا علـــى الصبر حتـــى برمنا

ولـــم نســـتطع بعد للصبـــر صبرا

دعيني وشـــأني لحرفي وشعري

وكوني كما شئت في الشعر سطرا

تعالي

مكلَّلةٌ بندى الياسمينِ

حروف القوافي

ومحمومةٌ كالهجير...

بعمق الفيافي

تعاليْ لنكتب حرفاً جميلاً

يداعب عشقاً صدور الحروفْ

ويسقي الفؤاد بماء الحياةْ

ويجعل هذا الهوى

رائع البوح داني القطوفْ

تغني به أحرف الكلماتْ

يحلق بين الروابي كطيرٍ

جناحاه حلمٌ جميلْ

ويرسم بالحبر قلباً

يسافر بين الجنونْ

ويرقب بين المساء

لشمس الأصيلْ

ويكتب عن واقعٍ

قدْ يكونُ وقدْ لا يكونْ

خدودكِ يا حلوتي.. وردتينْ

تعانقها شفتينْ

وشعرك حقلٌ

سنابله مثمراتْ

تَطَاولَ في عزةٍ وثباتْ

وعينين عمقهما فتنة وقدرْ

يصافح فيها الدلالُ الدلالْ

بجيد كجيد الغزالْ

ووجه كوجه القمرْ

تعاليْ

لأكتب عن حسنك الفذّ حرفاً جميلْ

عنِ الخدّ مثل المرايا

وعنْ شفةٍ مثل نار الخليلْ

وماذا تقول القوافي

عنِ القدِّ...

تاه حسناً

وعنْ فاحمٍ مخمليٍّ طويلْ

وعنْ قمرٍ عربيٍّ أصيلْ

تعالي... فإني

أحاول أن لا تخون الهوى الكلماتْ

أحاول أن أرسم الحسن فيك

بكل اللغاتْ

وأطبع فوق الجبين بثغري

أيا وردتي أروع القبلاتْ

وأكتب في صفحتي عن هواي

بكل المشاعر والأمنياتْ

تعانق فيك لحون الوترْ

هدية لشاعر واهم غيّبه النسيان!!

مـــا زلـــت أذكـــره لمـــا تجافانـــي
واغتال صدق الهوى في عمق شرياني

ذاك الـــذي لم تكـــن أيديه تســـعفني
إلا كما يشـــفق الجاني علـــى الحاني

كان الهوى ســـلوتي أشـــدو بأحرفه
لكنـــه ضـــاع منـــي دون عنـــوان

كـــم كنت غـــراً وقلب الطفـــل يغلبني
حتـــى رجعت وقلـــب الطفـــل أبكاني

بالـــود كان يناغي الحـــرف صفحته
لـكـنـه بـالـتـعـالـي كـــان يـلـقـانـي

الكبـر يـا صـاح داء لا دواء لــه

فانــزع بحرفك عن عزفــي وألحاني

دار الزمــان وعــدت اليـوم تطلبني

نسـيت لكننــي لــم أنــسَ نسـياني

أنــا الــذي كنت مــن أشـعاره برماً

تظــن أن القوافــي ليـس ترضاني

فكّـرت أهديـك مــن شـعري معلقة

لكننــي خفــت أن تعليـك أوزانــي

فارحــل بهزلك عن شــعري وقافيتي

مــا كنت يوماً لأنســى منــك نكراني

كــم كنت أعليـك يا من طــار طائره

ولــم تكــن غيـر مـرآةٍ لشـيطاني

علّم فؤادك

علِّـمْ فـؤادك أن يـذوب قليـلا
أضحى الصـدود على الفؤاد ثقيلا

وارحمْ شـقياً من غرامك يشتكي
لعـب الغـرام بـه فعـاد عليـلا

مـا كنت أحسـب أن لحظك قاتلي
حتـى رجعـت متيمـاً مقتـولا

أنـت الـذي ذللـت منـي جانبي
وتركتنـي فـي لهفتي مشـغولا

وزرعــت في قلبي الــورودَ زكية

وجعلت نبضـــي بالهوى موصولا

يا من بلحــظ العين قد أشــقيتني

خلفتنـــي بيـــن الغــرام ذليــلا

من كنــتَ يوماً في الحيــاة خليله

نــال المنــى وتجــاوز المأمــولا

ودّ منقطع

لا يعرف الحـــبَّ من لم يبكِــهِ الوجعُ
ولا يعي الشـــوق من أشـــواقه البدعُ

يستبســـلُ النـــاسُ فـــي ودٍّ يعذبهُـــمْ
ويهـــزؤون بمنْ فـــي ودِّهِـــمْ وقعوا

فانفُضْ فـــؤادكَ إنَّ الجمـــع في جدلٍ
واقطـــعْ رجـــاءكَ إن الـــودّ منقطـــعُ

كأني على ساحة الشعر ذيب...

تطيـــب الحـــروف إذا ما أطيبُ

فأغدو بهـــا شـــاعراً لا يتوبُ

وتـهجرنــــي إن طلبـــت رضاها

فيومـــاً تصـــدّ ويومـــاً تجيبُ

ولا يعـــذب الحـــرف إلا بـــودّ

له في ســـماء القوافـــي لهيبُ

أنـــا فـــي القصائد نبـــض قلب

فطوراً يصيب وطـــوراً يخيبُ

وطــوراً يداعــب حلمــاً بهياً

وطــوراً يرى في أســاه كئيبُ

أقارع صحبــي إذا ما اجتمعنا

فبيــت شــقيٌّ وبيــتٌ خصيبُ

فلا لوم إن خانني الشــعر يوماً

فإني ســأوفي إذا ما تستجيبُ

أفكر فــي هجرهــا دون عودٍ

ويرجعنــي لمداهــا الوجيــبُ

فتذعــن حتــى كأنــي أبوهــا

وأحســب أني زيــاد الخطيبُ

فأهجــو بــودّ هجــاء عتــابٍ

كأني على ســاحة الشعر ذيبُ

وأهدي لهارون أحلى القوافي

فيعلــن أنــي الأديــب الأريبُ

وتطرب كل الغواني لشــعري

وتصرخ هذا القصيد القشيبُ!!

ومســتملحاتٍ حســانٍ إذا ما

تُغنَّى لها فــي القلوب ضروبُ

وأكتب فــي الحكمة القول يتلى

فأوصف أني الحكيــم العجيبُ

وخير القصائـــد إن رمت قولاً

قصيد بمـــدح الحبيـــب يطيبُ

ودعـــوةُ صدقٍ بقلبٍ خشـــوع

لـــربٍّ إذا مـــا دعونـــا يجيبُ

وأمـــا إذا مـــا جفتـــك القوافي

فصلِّ على المصطفى لا تخيبُ

بغير الوصل لا أجد الأمان...

ترانا في الهــوى تزهو رؤانا
وهذا الشــوق لا يؤذي سوانا

وهذا الشـــوق مربــوط بقلبي
بغير الوصــل لا أجــد الأمانا

وهذا العشـــق ليس لـــه دواء
فيرجـــى مـــن تلوّعه شـــفانا

نحاكي البــدر بالأشــعار ليلاً
لـــو أن البدر يدري مـــا عنانا

حبيب يحســب الهجران حلواً

ومن غيــر المرارة مــا روانا

محال أن تــذوق العين غمضاً

وفي عمق الجوى نشكو نوانا

نداعب في القوافي نار عشــق

عسى ترضي القوافي من جفانا

فلم نر في الغرام سوى صدود

ومــا ازددنــا بــه إلا افتتانــا

كأن الجمر يذكــى فوق جفني

على مــن بالصبابة قــد بلانا

ومن سـكن الغرام بـه عليل

ومـن لعبت به النسـوان هانا

أقول لهـا وقد ملكـت فؤادي

بربـك قد شـفيت بنـا عدانا

إذا كان الفـراق فـلا دمـوع

تخفّـف في الليالي من شـقانا

وما في الناس مثلي قلب صدق

وكل العشـق زور مـا خلانـا

رأيت العاشـقين بـكل عصر

يعيشـون المذلـة والهوانـا

فقيــس تاه مــا بيــن الفيافي

وكم من عاشــق أضحى مدانا

ومــا أنــا غير صب مســتهام

أتــاه العشــق يوماً فاســتكانا

حقيقة

عجبــاً لمن يلــج الهــوى الكذابا
ويرى الهــدى.. فيمــزق الأثوابا

يتعمــد الخبــث اللئيــم بســرّه
ويخــوض في لجّ النفــوس كذابا

لن يســتر المفضوح ما ســيقوله
مــا دام فيــه مخادعــاً مغتابــا

قمــر الحقيقــة لــم تغــب أنواره
ولــو الغــوي شــرى لــه جلبابا

طيـــشٌ تضمّخ بالســـموم جميعها

في اللـــؤم والتلفيق غـــاص فذابا

ما نفع عقـــل الجاهليـــن بحمقهم

والفكـــر في التحقيـــق صار غرابا

فلتتـــرك الغـــيّ القبيـــح لأهلـــه

واخســـف بـه... ولتغلـــق الأبوابا

واركب حروف الشـــعر يا بشارها

وزن الخطـــى حتـــى تعـــود مهابا

قـــمْ يـــا جرير فـــإن ثمـــة ناعق

واصفـــع قفـــاه وأنســـه الإعرابا

تتلــون الحربــاء فـــي حالاتهـــا

لكنهـــا لـــن تســـتطيع نهابـــا

لا تلــق ســيفك للظلوم مســـالماً

حتـــى ينيـــب ويتـــرك الأحزابـــا

هل يســـتوي الأسد المهيب بنفسه

مع من غـــدا في حجمه ســـنجابا

أتركـــتَ ذاك الصلّ ينفث ســـمّه!

من لـــو نطقـــت لتـــاب ثـــم أنابا

فاروِ الفصول وكن لنفسك منصفاً

قد حان عدلـــك... فافضح الهبهابا

أوما رأيــت الحقد أصبــح ناطقاً

فاركب لخيلك كـــي تصيب مصابا

ماذا يفيـد النصح إن فقــد الحِجا

لا تطعــم المغــرور إلا صابــا

ارتجال سريع

وحقك لو سـلمت من الغواني
لجاء السـعد يجري بل وطابا

أرى النسوان كالأوجاع تمشي
وتفتـح بالهـوى للسـهد بابا

يكون الحبّ مثل العطر سـحراً
فإن رمنـاه ضاق بنـا وغابا

فمـا كان الهـوى إلا خيـالاً
ومـا كان الهـوى إلا عذابـا

فدعني من فتون العشـق خلواً
فقـد بلغ الفـؤاد بـه النصابا

فكـم مــن دمعةٍ ســالت كبحرٍ
ومــا نلنــا منانــا والرغابــا

تســلّل فــي فؤادي مثــل لصٍّ
وفــي كبدي أقــام بــه وطابا

وكان الشــهد كالعسل المصفى
فكيــف اليوم قد أمســى حرابا

أنــوء بلوعة زادت شــجوني
وقد صــد الحبيب ومــا أجابا

رأيت العاشــقين عبيد شــوق
ومــا نالوا الجــزاء ولا الثوابا

فخلِّ العشــق عني يــا خليلي

فإنـــي لا أرى عشــقي صوابا

أأســلم عهدتي في كــفّ ريم

لترهقنـــي ومــا نلــت الطلابا

وتجعلني أســير الشــوق ليلاً

وتتركني علــى البلوى مصابا

فــلا أسـلمت للأشـــواق قلبي

ولا كان الهــوى إلا غلابــا

أميــر للغوانـــي إذ تنـــادي

وقلبي في الســلو حــلا وطابا

لا كوكبٌ

لا كوكبٌ في ســماء الكون يســليني
عــن رفّة الرمش إذ أمســـى يناغيني

عينـــان كالبحر هاجت بـــي لواحظها
حتـــى غــدوت ونار العشــق تكويني

تـــالله إن الهـــوى يجتـــاح أوردتـــي
من بعد مـــا هزت الأشـــواق تكويني

من أنت حتى استحال الشوق لي وطناً
فـــي لجّة الولـــه المشـــبوب يرميني

هـــذا أنـــا لـــم يعـــد شـــيء يحركني
إلا هـــواك كمثـــل المـــاء يروينـــي

أنـــا الغريـــق ولا شـــط ألـــوذ بـــه

كلّـــت يـــداي ولا التلويـــح ينجينـــي

يا بهجة العشـــق يا شـــعراً يبعثرني

لمّي الجوانـــح إن الشـــوق يضنيني

ردي علـــيّ فـــؤادي إننـــي دنـــف

والليـــل من وتـــر الأحزان يشـــقيني

عينـــاك فاتنتـــي كالســـوط تجلدنـــي

كالـــروض يزهـــو بأنـــداء الرياحين

فالقلـــب مختلـــج والشـــوق مبتهـــج

والنفـــس راضيـــة بالضعـــف واللين

أهـــواك في وتـــر الإحســـاس أكتبها

قصيـــدةً.. وقوافـــي الشـــعر تطويني

بالعشق أمست رموش العين تجرحني

ولا شـــفاء لجـــرح فـــي شـــراييني

من هيج الوجد في روحي وأســـلمني

لغيهـــب الليل أشـــكو ســـاهر العين

حتـــى القوافـــي إليك اليـــوم تجذبني

فيهتـــف الحرف فـــي عمقي كمجنون

يـــا بلســـم الليـــل كالأقمار أعشـــقها

كالنور تشـــرق في ذاتـــي فتضويني

أنـــا أحــبـك والأشــعــار شــاهــدة

أنـــي بدونــك مــا خطــت دواويني

لـــي فـــي هــواك تراتيــلٌ مبجلــة

بالشــعر والســحر والآمال تسقيني

فيــك القصائــد قــد أبــدت روائعها

مـــن فاتـــن فـــي قوافيهـــا ومفتون

يا مشــعل الحرف جفّت فيك محبرتي

تداعب العشـــق فـــي ليـــل التلاحين

حروفنـــا فـــي يـــد الأقـــدار تكتبنـــا

فالوصـــل قافلتـــي والهجـــر يدميني

الحـــب والشـــعر والأشـــواق مركبنا

والصدق يســـعدني منكـــم ويرضيني

لـــي أصدقاء نجـــوم الليل تحســـدها

وليس غيـــر القلوب الحمـــر تهديني

علـــى دروب الهوى أرســـت مراكبنا

فبرعـــم الحـــب بالزيتـــون والتيـــن

حلّ الظلام...

حــلّ الظلامُ وحــلّ الهمُّ فــي صدْري

وخيّــمَ اليأسُ عِنْــدِي، دونَ أنْ أدري

أهَكــذا الدهرُ، فــي ســاعاتِ دوْرتـهِ

يجــري بنا أم ترانا نحــن منْ يجري!

عمرٌ مضــى، دون أن تنْجابَ غيمَتهُ

أكان عمــراً، أمِ الباقــي مــنَ العُمْرِ

والأمــس ظــلٌّ كأن اليــوم ناظــرهُ

واليــومُ في باحة الأحــزان، لا يغري

مــاذا تبقّى، منَ الذكــرى وحاضرِها

سوى غيوم الأسى، كالسيف في ظهري

ديني سـلامٌ، فمـن هذا الـذي عَمَهاً

يُشـينُ ديني، بثوب الزور والكفرِ؟!

أيُّوبُ فـي صبرهِ، قـد بـان مَخْبَرُهُ

لكـنّ صبـري، أنـا يحتـاجُ للصبرِ

فـي كل شـبرٍ أرى أوجـاعَ أُمّتِنَـا

فيسـقطُ الدمـعُ، فوق الخـدِّ كالجمرِ

أُمّتـي.. قد أتـاكِ الذئبُ، مُفْترسـاً

ويحسـنُ القفـزَ، من قطـرٍ إلى قطرِ

كمْ فيـكِ منْ صنمٍ، يختـالُ في صلفٍ

يغتـالُ أفئـدةَ الإيمـان والطُّهـرِ

وكـم سـعدْتِ بأثـوابٍ مُضمّخـةٍ
حتى اسـتكنْتِ لثـوب الـذل والقهرِ

تاريخنـا، خطّـتِ الأقـلامُ أحرُفَـهُ
بحاضـرٍ خامـلِ الميزانِ فـي الذِّكرِ

كلُّ الشـعوبِ، تُجاري الركب مسرعة
إلّاكِ، قابعـةٌ فـي ظلمـة الصفـرِ

ولـن تقـوم لنـا فـي الأرض قائمةٌ
حتى ننيـرَ، عُقـولَ النّـشءِ بالفكرِ

حتـى قصائدنـا باتـت كبيئتنـا
تعلِّـمُ الحـرفَ أنْ ينقـادَ للكسـرِ

يا منْ بملـحٍ يُداوي الجـرحَ في يدهِ
لقـد أضفْـتَ لـه، مـرّاً علـى المرِّ

أُمّتـي... هـلْ ينـالُ الحـقّ طالِبُهُ
والحـقُّ بيـعَ لنـابِ الذئـبِ بالغدرِ

وكيـف ينهـضُ مـنْ جهـلٌ يُكَفِّنُهُ
إذْ سـارتِ الركبُ في علمٍ، ولمْ يسـرِ

أكادُ أُجْـزمُ أنّ اليـأس قاتلُنَـا
لـولا جموعٌ تشـقُّ الليلَ فـي الفجرِ

بعض الملح!!

جمَّ الشعورِ..

أتيه فوق شعورِي

فتلحفي بالوهم..

خلف بحورِي

عفَّرتِ وجهكِ..

بالمساوئ كلها

ودفنتهِ..

في لعنةِ الديجورِ

بابُ الرجوعِ..

تركتهُ مُخْلَوْلِقاً

واستنزفتْهُ الريحُ..

في التعبيرِ

لا تحلمي..

إن الرعود بوارقٌ

مشطورةٌ نصفينِ..

من تشطيرِي

أي القصائدِ منكِ..

إلا أحرفٌ غرقتْ..

بيمِّ السُّخْفِ والتَّقْعِيرِ

نايات أشجاني..

إليك وهبتها

فاستنطقي!!

درب الرجاء وطيري

كل الجسورِ..

هدمتها متأكداً

أن لا شيء..

يرجعني لمدِّ جسوري

لوكي..

كما تهوينَ معجونَ الهوى

وتجمّلي بحنينكِ المقبورِ

لم تسترِ العنقاءُ..

عنا قبحها

وانهدَّ وهمُ الطائرِ الأُسْطُوري

تلك الليالي..

علَّمَتْنِي اليومَ أَنْ أستاءَ

منْ هَذَيانكِ المَسْعُورِ

منذ افترقنا

منذ افترقنا استطال الشوق واشتعلا
يذكي بقلبي هموماً تحدث العللا

حاولت أنساك لولا الوجد يسكنني
عقل المحب بغير القرب ما عقلا

لو أنني كنت أنوي الهجر سيدتي
لطار طيري مع الآفاق وانشغلا

طبع الوفاء تصون الروح معدنه
ولو نأيت فعهد الود ما انفصلا

ما لي عن الماء من ورد يطهرني

وطائري ذاق شـــح الماء فاعتدلا

كم كنت في حيـــرة تلهو بأوردتي

حتى أتيـــت وزال الهـــمّ وارتحلا

من قال إني ســـألقى مـــن يعللني

أو أنني ســـوف أرضى عنكم بدلا

يا زارع الورد

ما كنت أعلم أن العشـــق خارطتي
وأن مفتـــاح عشـــقي كان رؤياكا

حتى أتيـــت وبالألطـــاف تغمرني
مـــا عدت أعرفني من يـــوم لقياكا

يا زارع الـــورد في قلبـــي برقّته
تلك الورود قد اشـــتاقت لســـقياكا

لولاك يا ســـكني، ضيعت أزمنتي
وما دخلت دروب العشـــق لولاكا

تهجين..

أمســت قصائدنــا تأتــي مهجنــة

تستهجن الحرف والإحساس والقيما

فلــو قــرأت علــى الجعفــيِّ قافيــةً

لأنكــر الســيف والقرطــاس والقلما

يا ابنة الشعر

يا ابنة الشــعر... عذبتني القوافي
وجفتنـــي الحـــروف والكلمـــات

كبـــر الهـــم فـــي فضـــاء حروفي
وتبـــدت فـــي عمقـــه المأســـاة

أي دمـــع.. بين الجفون سيشـــفي
وجفونـــي جفّـــت بهـــا الدمعـــات

أي شعر... هذا الذي ليس يرضي
لحروفـــي.. وليـــس فيـــه حياة؟

يـــا ابنة الشـــعر إن حرفيَ.. نبضٌ
ولقـــد خانتنـــي بـــه النبضـــات

خانـــي الشـــعر.. والقصيد مباح

وعـلــتــنــي كــآبــةٌ وشــكــاة

ضحك النيل من ســذاجة شــعري

وعلــى النيل صار يبكــي الفرات

كل حـــرف.. يروي مـــدى عربياً

عـلـلـتـه الأحـــلام والأمـــنـيـات

بعض البلاء

بعض البلاء له في النفس موعظةٌ
بـــأن يـــوم التنـــادي أمـــره خَطِـــرُ

لــن يتــرك الله شيئــاً دون عاقبة
فلتتـــرك الغـــيّ إن الله لا يـــذرُ

نـــريد عـــيشـاً بـــلا ضـــر نـكـابـده
وأي عيـــش بدنيـــا كلهـــا ضـــررُ

إن المصائب فـي الـدنيا مطهرة
لـــكل ذنـــب وفـــي تجريبهـــا عبـــرُ

لا تأسَ إن نلت بعض السقم تذكرةً
إن اللبيـــب مـــن الأســـقام يعتبـــرُ

عمر قصير وينعى المرء ناعيه

كأنَّ ما كان في الدنيا له أثرُ

كم من عزيز له في الناس منزلةٌ

مذ مات لم تذَّكِرْ أعماله البشرُ

أين الذين أقاموا قبلنا زمناً

راحوا كأنْ لم يكنْ فينا لهمْ خبرُ

سل عن ملوك بأرض النيل كم عمروا

ماتوا ولم ينفع الأموات ما عمروا

يا ليت

«يا ليتَ قلْبكِ

يُصْغِي لي فأُخْبِرهُ»

بأنَّ أمْسِي الـ تَّوَلَّى

لَسْتُ أَذْكُرُهُ

كلُّ الجسورِ مِنَ

الـ مَا بيننا نُسِفَتْ

واللَّيْلُ مُشْتَكِلٌ

لَا صُبْحَ نُبْصِرُهُ

قد كانَ يوماً

صفاءُ الروحِ قائِدَنَا

لكنهُ اليومَ

سُمٌّ صِرْتُ أُنْكِرُهُ

يا ليتَ عقلكِ

يصغي حين يذْكرني

مللتُ منْ

كلِّ شيءٍ ضِقْتُ أَغْفِرُهُ

إني تعبتُ منَ

الدنيا أجاهدُهَا

كَمْ مِنْ خليلٍ

بلَا ذنبٍ سأهْجُرُهُ

بحرٌ أراهُ فَسِيحاً

لا حُدُودَ لَهُ

لكنما حجرٌ يُرْمَى يُكَدِّرُهُ

وأسير

وَأَسِيرُ فِي يَأْسٍ كَسِيرَ الْقَلْبِ..

تَلْفَحُنِي الْجِرَاحُ

وَأَسِيرُ.. وَالْآلامُ

تُضْرِمُ لَوْعَتِي وَالصَّدْرُ رَاحُ

وَأَتِيهُ

دَرْبِي لَيْسَ يَدْرِي أَيْنَ

تَحْمِلُهُ الرِّيَاحُ

وَأَسِيرُ فِكْرِي

هَائِمٌ يَأْبَى الرَّوَاحَ لَهُ الرَّوَاحُ

وَأَسِيرُ خَطْوِي فِي دُرُوبِ

اللّادُرُوبِ أَسىً بَوَاحُ

وَأَسِيرُ خَطْوِي لَيْسَ يَدْرِي

فِي الطَّرِيقِ مَتَى الْفَلَاحُ

وَأَسِيرُ فِي مَلَلِي جِرَاحَاتٌ

تُضَمِّدُهَا الْجِرَاحُ

مَا كَلَّ عَزْمِي بِالْأَسَى

قَدْ طَالَ جُرْحِي وَالنُّوَاحُ

سَقَطَتْ شِرَاعَاتِي

فَلَا بَحْرٌ يُسَافِرُ بِي

وَلَا بَرَاحُ

وَيَدِي عَلَى صَدْرِي تُصَبِّرُنِي

وَصُبْحِي لَا صَبَاحُ

وَيُطِلُّ حَظِّي فِي ابْتِسَامٍ

أَنْتَ مَلْجَؤُكَ الصَّلَاحُ...

وَتُطِلُّ قَافِيَتِي بِأَشْطُرِهَا

وَقَدْ كُشِفَ الْمُبَاحُ

وَاللَّفْظُ جُرْحٌ

نَاطِقُ الْتَّأْلِيفِ يُعْرِبُهُ انْزِيَاحُ

وَالْيَوْمُ...

يَمْضِي فِي تَبَاطُئِهِ

وَلَيْلِي اغْتِيلَ مِنْ غَدِهِ الصَّبَاحُ

وَالْهَمُّ ثَوْبِي

يَشْتَكِي أَكْمَامَهُ

فِي طُولِهَا يهفو شَقَائِي الْمُسْتَبَاحُ

قَلَقٌ

وَإِرْهَاقٌ يُعَذِّبُنِي

وَتَعْسِي مُسْتَرَاحُ

أَأُفِيقُ دَوْماً مُثْقَلاً

بِالْهَمِّ تَشْرَبُنِي الْجِرَاحُ

وَأَعُودُ

فَي شَفَقِ الْغُرُوبِ عَلَى

أَصَائِلِهِ كِفَاحُ

وَأَعُدُّ خَطْوِي لَسْتُ أَدْرِي

مَا الْمَسَاءُ وَمَا الصَّبَاحُ

وَأَضُمُّ كَأْساً كَالْمَسَاءِ سَخِينَةً

وَأَلُوكُ خُبْزَ الْعَيْشِ فِي تَعَبٍ

وَضَائِقَتِي جَنَاحُ

وَأُبِيحُ نَفْسِي لِلْقَصِيدَةِ

كَيْ يُلَمْلِمَنِي ارْتِيَاحُ

لَكِنَّنِي رَغْمَ الْضَّيَاعِ يَلُفُّنِي

أَهْوَى الْحَيَاةَ وَمَرْكَبِي

فَرَحٌ جَمِيلٌ وَاجْتِيَاحُ

يَوْمِي...

كَمَا شَاءَ الْإِلَٰهُ أَعِيشُهُ

وَالْحَمْدُ تَاجِي وَالسِّلَاحُ

شيئان محجوبانِ

شيئـان محجوبانِ

في ظل السفرْ

أنا والشمـاسينُ

التي ليست تذرْ

لم يستفق ليلي

البهيم من الرؤى

ولكل ليلٍ

ما يدان به البشرْ

أقلاميَ المستشعراتُ

وحيرتي وتثاقلي

والكاذباتُ من الصورْ

وتنصُّل الأيام

من ماضٍ مضى

وتبعثري وتصنعي

قصر النظرْ

قد لا يرى

الموهوم أني معرضٌ

عما يراه

وأنني أغشى الخطرْ

هي عادة

الأطفال أن لا ترعوي

ما دام ذاك

الود يمنعه الحذَرْ

النـاس أشباهٌ

وشرهمُ الذي

لا ينتهي عن غيه

مـهما استترْ

سأغني

سَأُغَنِّي لَكِ..

مَا يُرْضِي كِيَانِـي

وَيُدَارِي الْوَجْدَ قَلْبِي وَلِسَانِـي

كُلُّ أَيَّامِ هَوَانَا رِحْلَةٌ

مِنْ زَمَانٍ لِزَمَانٍ فِي زَمَانِـي

سَأُغَنِّي وَأُغَنِّي حَالِماً

فِيكِ حَتَّى تَسْتَوِيْ كُلُّ الْمَعَانِـي

قَهْوَتِي وَالْبُنُّ يَزْكُو فَوْقَهَا

تَغْزِلُ الْأَيَّامَ مِنْ عِطْرِ الْأَمَانِـي

سَأُغَنِّي صَادِحاً يَا امْرَأَةً

تَصْطَفِي الدُّنْيَا لَهَا أَحْلَى الْأَغَانِـي

إرادة

تزوَّدْ لـهـا

بـالـعطور الزكيَّةْ

وبـالشعرِ ...

باللغةِ الوثنيَّةْ

و دا عبْ

خيالاتـهـا في الـهـوى

بكل هدوءٍ..

وكلِّ رويَّةْ

تأمَّلْ

رؤى هَمَساتٍ لَهَا

وسافرْ إليها

بحسنِ طويَّةْ

ستَرضى

فلا تتركِ العزمَ يهوي

لَعلَّكَ تغدو

بنفْسٍ رضِيَّةْ

سترضى

فجاهدْ بتَذْلِيلِهَا

وكُنْ جَاهِزاً

كيْ تكونَ الضحيَّةْ

هي الجسْرُ فاحرصْ

عليْهَا عساها

تردُّ عليكَ

الليالي الخَلِيَّةْ

يعزّ عليّ

يعزُّ عليَّ...

أن ألقى السِّهامَا

وأن أبقى...

على صمتي المُلامَا

نَدَامَى الشعرِ..

نحن نعيش دوماً

إذا ما الليل..

عاجلنا نَدَامَى

نَدَامَى الشعرِ...

نحن كما خلقنا

كيوسف...

في ظلام الجب ناما

وما قلنا...

سنتركه قليلاً

وإلا جاءنا

يلقي السلامَا

وإن طافتْ

بدورٌ فيه كنا

على أنوارها

نبدو كرامًا

إلى أن..

ينطق المكتوم منا

ويسقي...

العابرين به مداما

نَدَامَى الشعرِ..

نحن متى طربنا له

وإذا تعامينا تعامى..

شهيٌّ النبضِ..

ما جافاه قلبٌ

وإلا عاد صبّاً مُسْتهامَا

يا مراجيحي

يا مراجيحي المدمناتِ الشرودِ
ليس لـي فيك مـن رجـاءٍ أكيدِ

زاهـدٌ عن مطامع النـاس قلبي
غـائـبٌ عن مـدائـنـي ووجـودِي

لـسـت أشـكـو لـمـا علـيَّ تجلَّى
عـابـراً بي فـي الـهـمّ والتسهيدِ

وإذا ضـقـتُ مـن زمـان عليلٍ
عـيشـه عـيشٌ دائـم التنكيدِ

فـلـربـي الـشـكـاة مـن كـل داء
لـجّ بي حتى صرت نصف شهيدِ

ولـربـيِ الـدعـاءُ مـن كـل أمـرٍ

أتعب الروح في اصطناع سعودي

كـم نـغـنـي ولـلأسـى ألـف بـابٍ

ونـــداري غـل الـشـقـيِّ العنيدِ

فـدع العتب عنك إنـي تناسيت

حـيـاتـي وعـفـت كـل قـصـيـدي

مـن يـرى نفسه قـويـاً شـديـداً

سيرى الموت بين صدر وجيدِ

كن غريباً عن الورى واعتزلْهمْ

واحـذر الكيد من حقودٍ حسودِ

إنمـــا العيـــش أن تعيـــش عزيزاً

رافـضــاً لـلـهـوان مـثـل العبيدِ

وكمـــا لـــو تخـــوض درب المنايا

وكـمـا لـو تسير صـوب اللحودِ

وإذا مـــا ســلمت فانظـــر بعيـــداً

وكـــأن الـحـيـاة دار خـلـودِ

واســتمــع لـلـذي يـغــازل لحناً

بـنـشـيـدٍ يطـيـب قـبـل الـنـشـيـدِ

يا من نتوب

يَا مَـــن نتــوبُ فَيَرْحمُ   أَنــتَ الإِلَــهُ الأعظــمُ
جُــدْ لِــي بِعَفْــوِكَ إنَّني   فِــي ضَيْعتــي، أَتنــدَّمُ
وَاغْفِــرْ ذُنوبــي رَاحِماً   مَــنْ ذَا الَّــذِي لا يأْثَــمُ
رُحْمَــاكَ إنِّــي تائــبٌ   قَدْ خَــابَ مِنِّــي المَغْنَمُ
أَنــتَ الْكريــمُ بِفَضْلِــهِ   لَــوْلاكَ مَــنْ ذَا يُنْعِــمُ
جُــدْ لِــي إِلَهــي رَحْمَةً   أَنــتَ الَّــذِي لَا يَظْلِــمُ
فَاغْفِرْ لَنَــا مَا قَدْ مَضَى   وَالْطُــفْ بِمَــا لَا نَعْلَــمُ

خذ ما تريد

خذ مـــا تريـــد ودعني فـــي متاهاتي
ما الفرق عندِيَ بيـــن الأمس والآتي

كل الدروب تشـــظّتْ فـــوق خارطتي
لا صوت يعلو سوى صوت انكساراتي

لم تكســـر النـــاس أحلامـــي بكلكلها
وكســـر دهـــري ثقيـــلٌ كالمجـــراتِ

مـــاذا يريـــد زماني مـــن نزيف دمي
أليـــس يكفيه تعطيـــل المســـراتِ؟!

مــن ذا يبالي بما يمضــي الزمان به

والنــاس تحيـا بعــرف اللامبــالاةِ

كـنِ الجســور إذا أمَّلــتَ بارقــةً

ولا تكــنْ دائــم التقريــع للــذاتِ

فالنــاس لا تجعــل الآذان مصغيــةً

إلا إذا رُميَــتْ فــي حــرٍّ ويــلاتِ

جربــت في الدهر ما تعيــا الرجال به

ولــو جبنــت لــكان الذل مشــكاتي

ما مرّ شوق

ما مرَّ شوقٌ

كي أخففَ باسَهُ

أو جئتُ يوْماً

أشتكي أنفاسَهُ

أو كان بي وجدٌ

أَنوءُ بدائه

كي أستعير

منَ الهوى إيناسَهُ

كم كنتُ

أرجو أن تزيدي رفعةً

لكنما الأعمى

يرى إفلاسَهُ

حتى إذا

اشتدت به أوجاعه

جعل القصائد

تصطفي إبلاسَهُ

الحب

مات الحب سيدتي

ولا أرجو بأن

تحسو حروفي كاسهُ

مرّت بنا

ومــذْ بُليــتُ بهَــا ضيَّعْــتُ مُنعرجِي
كأن طائــر شــوقي غاصَ فــي لُجَجِ

مــرَّتْ بنَــا ليتهَــا صانــتْ لواعجها
فقــد شــقيتُ مــن الترتيــبِ للحُجَجِ

مــا زلت فــي لغــةِ العشــاقِ مرتبكاً
لا تستطيع حروفي البوح من حَرَجِي

هــذا الغزال المليــحُ الوجــهِ ذوبني
ومال بــي عن دروبــي ثمَّ لــمْ يَعُجِ

تجليات

مــا بيــنَ ناريــنِ النشــيدُ تَعَمَّدَا
وانسَــلَّ مِــنْ ضَوْضَائِــهِ وَتَمَرَّدَا

مفْرُوشَــةٌ بالطيب كلُّ مواســمي
كالغصنِ إنْ مرَّتْ بهِ شــفةُ النَّدَى

فــي خافقــي زيتونــةٌ شــرقيةٌ
مــا أَنْبَتَــتْ إلا الهدايــة والهدَى

مــا خنــتُ تفســيري ولا جاوزتهُ
أو خنتُ لحنــاً كانَ بابــاً موصدَا

وتــرٌ يُســافرُ فــي العوالــمِ كُلِّهَا
لو صاحَ منْ وجــعٍ يُعَذِّبُكَ الصَّدَى

تلــك المحاســن بالوفــاء نَزِينُهَا
مهما افترى الباغي عليها واعتدَى

أختــال فــي درب المنــى متنعِّما
وإذا رضيــتُ فغانمــاً مُسترْشِــدَا

لا لــن يحيدَ عــن اليمامة مقودي
حتــى ولو أمســيتُ صبّــاً مُجهدَا

يــا قلبُ لا توقــدْ علــيَّ مواجعي
واجنحْ إلى مــنْ في ودادكَ قدْ غدَا

من تُشْــترى حلــلُ المعالي عندهُ

لن يُسْــتَضَامَ إِذَا المُنَافِــقُ عَرْبَدَا

لا درب نطلبــهُ ننــال بــه المنى

إلا الــذي جــمَّ المواســمِ قــدْ بدَا

ذنبــي علــيَّ وحان منــي فصله

لأزيح عن نفسي قساوسةَ الردَى

مــا كنت يوماً عن ســمائي راحلاً

أو كنــت في طلب الرضــا مترِّددَا

فاهنيْ وقــرّي واصفحي محمودة

هــذا الفتى المائــيُّ لنْ يُسْــتَعْبَدَا

يا ريح

هذا الضجيجُ الفجُّ كيف سيصمتُ؟!
يفتــي بمــا يفتــي كما يتشــمَّتُ

حتــى الدُّمى قامت علــى أطرافها
وَالصبرُ يمنعني وســيفيَ مُصلتُ

أصغــي ولا أصغــي إلــى تلقينها
وألــوذ بالصمتِ الجميل وأســكتُ

يــا ريح؟ أيَّتُهــا الرقيقــةُ روحُهَا
يــا ريحُ؟ يا صبري! الــذي يتفلَّتُ

يا ريـــحُ مُرِّي هَــا هُنَا مُــرِّي بنَا
يا ريــحُ مُــرِّي فاليقينُ مشــتَّتُ

يــا ريح مُــرِّي إن رملــي زاحفٌ
ودعي الزمان مع الدروب يُصَوِّتُ

شوق

يــا مطيلاً مع الليالي ســـهادِي
ومثيـــراً علـــيَّ كلَّ الأعـــادِي

لا تـــزدْ بالحنينِ نار اشـــتياقي
وترفـــقْ بمهجتـــي وفـــؤادِي

لست أخشى من المجامع حولي
إنما أخشـــى من ذنـــوب البِعادِ

فالـــذي فـــي النفـــوس تبدَّى
وقضـــى الله فيه صـــدقَ الودادِ

عرافة

عرافةٌ..

ودروبٌ تقتفي أثري

ترى إلى أين..

يمضي شاردُ الفِكَرِ؟!

وجوقتي شيَّدتْ

سدّاً لتمنَعَهُ

عساهُ يَكْتُمُ

ما يشكُو منَ الكَدَرِ

تاللهِ أحرقُهُ

ألفاً وأحرقُهُ

وأستدرُّ

عليه الشعرَ كالمطرِ

ألمْ تُخِفْهُ

مواويلي التي عُزِفتْ

لكي يتوب

عنِ الترحالِ والسَّفَرِ

ألمْ يتبْ من وعيدٍ

صرتُ أُشْهِرُهُ

بأنْ دعِ البحرَ

إنَّ البحرَ ذُو غِيَرِ؟

ألمْ ترُعْهُ القوافِي

فيهِ دائِرةٌ

حتى غدا تغريدَةَ البشرِ

من أيٍّ طينٍ

تماثيلُ الورَى صنعتْ

ففيه طينٌ

يذلُّ الطينَ فِي كبرِ

يا ليته يُنْتسى

في قعرِ مظلمةٍ

بل ليتهمْ

يعلنون النعيَ في خبرِ

حربي عليه

ولن يحظى بتزكيتي

قد نالني منه

ما يُغني عن النُّذُرِ

لكاع

وكم في الشــعر كارثةٌ تُسمَّى

وأم الكارثــات غــدتْ تطــاعُ

إذا قبــل الرجــال غبــاء حسٍّ

فــإن الخبــثَ زايلــه القنــاعُ

يُعــزُّ المرء في الأخــلاق دينٌ

ســوى رجــلٍ تحركهُ لــكاعُ

من وحي الأطلال

أين القوافي فـــي ظلال المهزلة؟!
صنمٌ يمجِّــدُ في الســـفاهةِ أرجلهْ

لا شـــعر إلا الحمـــق فـــي أوزاننا
وإذا تقـــاس فلا تســـاوي خردلةْ

بيـــت الصبابـــةِ أشـــرعتْ أبوابهُ
حتى توسَّـــعَ ليـــسَ يقْفِـــلُ مَدْخَلَهْ

ماذا هناك ســـوى طلـــولٍ أَقْفرتْ
لـــكنَّ أعـــتـــاب الـــطـــلـــول مبلَّلهْ

حتى الـــكلام يحـــار مـــن إملائنا
نشـــتقُّ فيـــه ولا نخـــاف البلبلةْ

لكـــنَّ فينـــا مـــن يبجِّلـــه.. ولا
ينســـى بأن يثنـــي لهُ مـــا أجملهْ

لـــو أن عنتـــرة الفـــوارس بيننا
لاختصَّـــهُ بـــدلَ الســـيوفِ بقنبلةْ

يعلـــي الأريـــب بنانـــه وبيانـــه
لكنـــه يُلحـــى بـــدربٍ موحلَـــةْ

بوجهها كوكب

بوجهها كوكبٌ جلتْ محاسنهُ
لـه البهاءُ دليـلٌ حيثما طلعَا

لو أنَّ شيخاً على تقوى يطالعها
من فرط فتنتها لم يلزمِ الورَعا

قد كان يمشي على الأطراف ذو جلدٍ
لما رآها تشكّى قلبه الوجعا

أضعتُ رشدي وآمالي بها انفرطتْ
لو أنَّ لي شافِعاً في ودِّها شفعَا

هي الجمال وثوب السحر آيتها
وللجمالِ علينا أن نجودَ دُعا

واهاً لعقلي...

هل لــي بحبــك دون الهــمّ والحزنِ
إني أرقــت ولم أســلم من الشــجنِ

يكفيــك صــداً فــإن العمر في ســفرٍ
وســافري بــي مــع الأيــام والزمنِ

نامــت على كتفــي الدنيــا بكلكلها
وصرت من حملها أمشــي على حزن

هــذا فــؤادي لديــك اليــوم أتركــهُ
لم يخلف العهد والأشــواق كالســنِنِ

أهــوى الحيــاة إذا ما الحــب قائدها

وأزرع الليــل أشــواقاً بــلا ثمــنِ

يا دهر ماذا جنت في العيش أنفســنا

حتــى عشــقنا لوجــهٍ فاتنٍ حســنِ

أقســمت لن أترك الأشــواقَ تقتلني

فأنــت عيني وكل العشــق يا ســكني

واهــاً لعقلــي يطيع القلب فــي عمهٍ

ينسى رؤاه ويرضى العيش في المحنِ

أنـــا الـــذي لـــم أذقْ يومـــاً لموجدةٍ

فكيــف بالوجــد يــا قلبــي تعللنـــي

أهديـــكِ عمـــري ولا أرضى لـــه بدلاً

لـــو تقبليـــن بقلـــبٍ عاشـــقٍ فطـــنِ

هبي فؤادي رأى في الحســـن غيركمُ

مـــا كان إلا هـــواك اليـــوم يســـعدني

أغرقـــت قلبي بهذا العشـــق ســـيدتي

حتى غـــدا العشـــق كالدنيـــا يعذبني

طريق.. اللاعودة

هو لن يعودَ!!

ولن يردَّ جوابَا

فتأبطي..

بعد السراب سرابَا

كل الذين عرفتهمْ

غضبوا عليكِ...

وأوصدوا..

من حمقكِ الأبوابَا

هو لن يعودَ!!

فسافري موجوعةً

وتعلمي..

في شعركِ الإعرابَا

الخانعون إليكِ..

باعوا روحهمْ

لا حبَّ..

مُذْ صار المجونُ كِتَابَا

سيسافرونَ..

مع الرياح تنوشهمْ

إن لم يروا..

مالاً ولا أثوابًا

فترشفي..

سيجارةَ التبغ اللعينِ

وفرِّقي في ليلك الأنخابَا

هوَ لن يعودَ!!

ولا طريقَ يردُّهُ

منْ ذا يعودُ؟!

لمنْ.. غدا كذَّابًا..

أنشودةُ الحمقِ..

اللئيمِ غوايةٌ

كمْ فرَّقتْ..

من حمقهَا أحبابًا

هو لنْ يعودَ!!

وقد جرحت شعورهُ

فتجرعي..

من سمِّكِ الأكوابَا

ضيَّعْتهِ..

منذُ اختبرْتِ غرورهُ

لا تأسفي..

كانَ الرَّحيلُ صوابَا

هو لن يعودَ!!

وهلْ يعودُ مسافرٌ؟!

منْ ذَا يعودُ..

لكيْ يَمُوتَ عذَابَا؟!

درب الوهم...

هي لا تدري..

أنني أهواها..

وأنا لا أدري..

متى أنساها..

وكلانا..

يسير في درب وهمٍ

ليس لي أو لها..

بأن ألقاها

جذوة النار في دمي

عطر مسكٍ

في حروفٍ..

يفوح منها شذاها

فأنا يا سليلة الوهم روحٌ

ترسم العشقَ وردةً وشفاها

من فؤادٍ...

بشوقهِ قد تجلى

وحنينٍ...

في خافقي ما تناهى

صوتك العذب...

قد تبلور سحراً

ذاب قلبي..

في عمقه وتماهى

أشكر الغيب..

يا خليلة فكري

كم له..

من فضائلٍ قد أتاها

ليس شيئاً..

كل الوجود بعيني

صغر الكون..

مذْ دخلت مداها

صابراً كنتُ

صـابـراً كـنـتُ.. حين كنت أغني
للصباح الجميلِ.. وقتَ الشروقِ

ها هيَ الغربانُ.. استدارتْ لقتلي
حين ضجَّ النعيقُ.. بين النعيقِ...

يا ابنَ موسى.. خُذِ العصاة فإني
خانني الرَّبعُ.. في هوىً زنديقِ

جُرِّدَ السيفُ.. حين صرت وحيداً
لتجيدَ الـسـيـوفُ قطع عروقِـي

ويـحَ عقلي.. ألست عنهمْ غنياً
ورقـيـقـي تـزيـنـتْ بـالـعـقـيـقِ

ويـحَ عقلي.. ألـستُ فيهمْ نبياً
كيف ضاعتْ.. مكاسبي وحقوقِي؟!

كلما ثـارتْ.. بالقوافي القوافي
أعـلـنـوا دون غيرهم بمروقِي

فالزمِ الصمتَ.. إنَّ للصمت معنىً
يسعفُ المرءَ في زمـانِ العقوقِ

واسكبِ الماءَ.. إن أُحطْت بنارٍ
وتـجـنَّـبْ بـلاهـةَ الـتـعـليـقِ

شبَّ هذا الرعيلُ.. عن قولِ صدقٍ
وأحــبَّ الـجـنـونَ فـي التلفيقِ

يا ابـنَ أمـي.. كفاك مني شكاتِي
ودعِ الناسَ.. في مدى التحقيق

لـستُ هـابـيـلَ.. كـي أقــدِّمَ شـاةً
وصليلُ الـسـيـوفِ لمعُ بروقِي

حين تاهتْ.. عن الدروبِ دروبي
أتقنــوا بعــدي لعنــةَ التصفيقِ!!

متاهات

متاهاتٌ.. هي الدنيــا متاهاتُ

حكايـــاتٌ.. تداريهــا حكاياتُ

حروفٌ لم يبُحْ... بالسرِّ ناطقها

فميمـــاتٌ... ولاءات وواواتُ

تعلمنا النوائـــب.. كيف ننكرها

فحالات الهوى.. فيها استحالاتُ

تقطعتِ العرى... بالهجر بعدكمُ

فنعم الهجرُ... والتعذيب يا ذاتُ

جفّ الشعر في السطر الأخير

دفنتُ مشـــاعري بين السُّطورِ
فذاب الحرف من وهج الشعورِ

ولو أني كتبــت بنبض روحي
لألهبت المعاني من ســعيري

تعذبنـــي متاهـــات القوافـــي
وأنعــم فـــي مداهـــا بالعبيـــرِ

فمـــن بحرٍ إلـــى بحـــرٍ أُدَهْدَى
وأكســـو الحرف بالقلق المثيرِ

ومن كأسِ الخليل نـهلت شعري

فأورق مــن مباهجه ضميري

فيــا وتر القوافــي منك عزفي

ترنــم بالمشــاعر والشــعورِ

أطالع فيك من توراة موســى

وأقــرأ مــن مزاميــر الزبورِ

وهبتُ قصائــدي للريح تعوي

فطارت بالهــوى عبر الأَثيرِ...

وليـــلاي الجميلـــة لا تلبـــي

وقـــد جـــاوزت آلاف البحـــورِ

أحـــاول نيل حظي مـــن هواها

فألقـــى في أمـــرٍّ مـــن المريرِ

أنا هاروت قد ألقيت ســـحري

فأزهـــرت القصائد من بخوري

ورتلت الطلاســـم في حروفي

فجف الشعر في السطر الأخيرِ

رضوخ...

حبُّك يا سيِّدتي

إِمْبراطُورُ!!

ينهبُ علبةَ الحبِّ كالمعتُوهْ

يسرقُ سرَّ القلبِ ويغزُوهْ

إنَّهُ دِكْتَاتُورُ!!

قالت

قالــتِ البلهــاءُ مــا لا يصدقُ

وأراهــا لا تعــي مــا تنطــقُ

إن تكن في قولهــا ذات حجىً

فمــن الحمــقِ جنــونٌ مطلقُ

تدعــي الطيبــة فيها خســة

لــو تــرى طيبتهــا إذ تنعــقُ

زدت هجراً

زدتِ هجراً.. وطال فيك اصطباري
ليتنـــي!! أســـتطيع كتـــم أواري

كيف لـــي!! كيف لي أضمِّد جُرحي
أو لهـــذا الجفـــاء منـــك أداري..

ترتدين الصمـــت الرهيب بوجهي
والذي يخفى منك عاف التواري!!

قـــد تظنيـــن... أنني بعـــت ودي
وتهيميـــن في خطوط مـــداري!!

ليس لـــي عنك منـــزعٌ.. أو براحٌ
فاخلعي الشكَّ.. واحذري أن تغاري

لـــو يعـــاد الزمـــان.. قبـــل لقانا
لم يكن لي.. سوى هواك اختياري..

فاطمئنـــي.. فـــإن لي فيـــك باباً..
للتدانـــي.. قـــد قـــرَّ فيـــه قراري

كلُّ مـــا قلـــتُ... أو أقـــولُ.. هلامٌ
ليس يعدو.. ســـوى غيـــومِ غبارِ

كيف لي.. أن أنســـى زماناً.. نعمنا
فيه.. بيـــن الحقـــول والأزهارِ؟!

تعب هواك

تعـــب هـــواك وإنني مشـــتاقُ
لو أن شـــوقي فيك لا يشـــتاقُ

أهـــواك ســـيدتي وإنـــي تائهٌ
أقصى الأماني ضمـــةٌ وعناقُ

ما الفرق...

خذ ما تريد ودعنـــي في متاهاتي
ما الفرق عندِيَ بين الأمس والآتي

كل الدروب تشظّتْ فوق خارطتي
لاصوتيعلوسوىصوتانكساراتي

لم تكســـر الناس أحلامي بكلكلها
وكســـر دهري ثقيـــلٌ كالمجراتِ

ماذا يريد زمانـــي من نزيف دمي
أليـــس يكفيه تعطيل المســـراتِ؟!

من ذا يبالي بما يمضي الزمان به

والناس تحيـا بعـرف اللامبالاةِ

كـنِ الجسـور إذا أمَّلـتَ بارقـةً

ولا تكـنْ دائـم التقريـع للـذاتِ

فالنـاس لا تجعـل الآذان مصغيةً

إلا إذا رُميَـتْ فـي حـرٍّ ويـلاتِ

جربت في الدهر ما تعيا الرجال به

ولو جبنت لـكان الذل مشـكاتي

حبلى

ما زلت تعتمرين الحمق والجهلا
وتمنحين رؤاي الـرايـة المثلى

حبلى من الوهم.. حتى الوهم مهزلة
وسوف تبقين في وهم الرؤى حبلى

ما همني إن ركبتِ الناسَ مُفْسِدةً
لأنــنــي رغــم أعــدائــي أنــا الأعــلــى

فــــراودي مـــاضـــيَ الأيـــام بـاكـيـةً
ما صرتِ بعدي سوى في الدارة السفلى

أولـى لمن فجَّر البهتان نـاديَـهُ الـ
ـنِّيرانُ تـحـرقـهُ.. أولــى لـه أولـى

حتى ولـو صـرف الأمــوالَ ذو سفهٍ
فلــن تطيــب لنــا أوراقـــهُ الدفلــى

أخي قلب

صحوت وفي دمـــي أملٌ خفيٌّ

يســـافر بي يســـافر مثل ظلي

إلى أقصى اليـــراع يمدُّ عطراً

وفي ســـطر الكتاب يجيزُ قتلي

أخي قلـــبٌ بلا ميثـــاق يصبو

وما عـــرف الهوى فيه التجلي

تســائله أمانيــه الحيــارى

أتعــرضُ عن هواكَ وأنت خلي

فهل لي فــي الرجوع إليك بابٌ

يصبحه النســيم لديكَ: قلْ لي

ففي ذات الشــمال رأيت نوراً

وفــي ذات اليمين رأيت فصلي

منتهى التأويل

فلتعبري الآن..

طال الشوق والظمأُ

ليعبر الجسر..

في ظلمائه الرشأ

لم تبرد...

الوجد أسرابٌ تعانقه

أو أبدل الطير...

عن أعشاشه الحدأُ

كل المراوح ما...

عادتْ تزلزله

ولا السيوف...

التي قد نالها الصدأ

عودي إليه فماً...

يهديه أغنيةً

من آخر الوهم..

حتى يصدق النبأُ

أدينَ منك بما

يكفي وليس له

إلا الحرائق..

والأوقات تجتزأ

كل الطيور إلى

أعشاشها سكنت

إلاه طير..

على الأعراف يتكئ

من يسمع الصمَّ

ما في القلب من حرقٍ

أو ينطق البكمَ..

إن ساءلتهم ونَأُوا

حتى القواميس

صارت عنك تبعدني

من أين..

من أين يا أقلام أبتدئ

والواقفون على

أفواه قافيتي

صاروا قبيلاً...

وفي ضوضائهم جرؤوا

فلتعبري الآن...

لا ظلٌّ ولا جسدٌ

سوى حروفٍ

ستشقي كل من صبؤوا

حرية

عـش مثلما تهوى ولا تســـألْ
فالناس فِكــرٌ مغلــقُ المدخَلْ

وطــن الحــروف مــداره لغةٌ
لا تنتشــي إلا مــع الأجمــلْ

فارســمْ على وجه الخرائطِ ما
جــاد الزمــان بــه ولا تحفلْ

وزع عطــورك أينمــا وجدتْ
فالعطــر يبقى المشــتل الأمثلْ

إذ بيــدر التنجيــم فلســفة
والفيلســوف الحــق لا يخجلْ

نسيان

أنسيتِ...؟!

أمْ هو قلبكِ المتناسِي

ما كنتُ فيه..

عليكِ منه أقاسِي

أنسيتِ!!..

هارونَ الرشيد وملكهُ

ونسيتِ...

ما ذوَّبْتِ من أنفاسي

ونسيتِ..

رغم البعد محرابي الذي

أدمنتِ فيه..

رحيقَ خمرةِ كاسِي

أنا ما نسيتُ

وإن نسيتُ فإنني

أدري بأن السحرَ

في إحساسِي

ها عدتِ يا...

مجنونتي رغم النوى

مشتاقةً...

ليديْ أبي نوّاسِ

وربحتُ..

حبّك مرّتين فحاذري

أن تستثيري

غضبةَ القرطاسِ

فأنا الذي...

لا أستطيب مواجدي

إلا إذا عاجلتِ..

بالإيناسِ

بلد الطفولة عرفاني

ما عاد يقرأ..

لي غدي فنجاني

فأنا تركت...

السير خلف زماني

رؤيايَ...

ليلٌ داكنٌ لم يشتملْ

بالنور فوق...

البيد والوديانِ

منذ ارتحلنا..

والتغرب موطنٌ

متجدد...

الأوجاع والأحزانِ

وأنا كذكرى

كلما أيقظتها

لتعود لي أيامها

.... أنساني

يا ليت...

أشرعة الحنين تردني

لمرابعي...

في سالف الأزمانِ

إن الغريب ولو...

تغرب قلبه

يبقى يحبُّ..

العود للأوطانِ

بلد الطفولة...

والصبا لا غيره

من تصطفيه

الروح بالعرفان

الدهر ينسي

يلْبس النــــاس كل يوم لباســـاً
ولبـــاسُ الظنونِ أغـــربُ لبْسِ

فـــإذَا مـــا غنمْتَ يوماً ســـعيداً
فاعتبرْ ما غنمْتَ أصْدقَ حَدْسِ

لا تُدَقِّـــقْ بـــكلِّ يومٍ سَـــيمْضِي
فللمنايـــا مآلهَـــا كلُّ نَفْـــسِ

واجتنبْ عنكَ مـــنْ يعاديكَ حقاً

ولتبـــعْ ودَّهُ بأبخـــسِ فلْـــسِ

إن يكن خيراً فالنفـــوسُ كرامٌ

وإذا الشرُّ فاحْترسْ أينَ تُمْسِي

لا تعاشـــرْ همومَ نفْســـكَ دوماً

وتنـــاسَ دنياكَ فالدهرُ ينسِـــي

أشياء عابرة

قد تعبر الريحُ...

سطح البحر في الفجرِ

قد ترجعُ الأمسَ...

أطيافٌ من الذكرِ

قد تمطرُ البيدُ رملاً...

ذات زوبعةٍ

ويغرق الموجُ..

بين البحر في البحرِ

ويكتب الشعرُ...

عن أشياء ترهقهُ

أو يصبح الوهمُ..

طاغوتاً من الفكرِ

ويظلم الليلُ..

حتى لن تسير بهِ

لكن تبددهُ..

الأنوار بالفجرِ

قد يكذب العقلُ..

فيما اعتاد يتقنهُ

ويصدق الجهلُ

في شيء من الأمرِ

قد يبهر المرءَ...

من يبدو بزينتهِ

وتشرد العينُ

إن سارتْ مع النهرِ

أو تعجب الروحَ..

أقوالٌ منمَّقةٌ

فيما يسمَّى...

ابتداع الشعر بالشعرِ

لكنما سوفَ...

يبقى التيه يعبرنَا

مثل المفازةِ..

من قفرٍ إلى قفرِ

ونحن في غفلةٍ

عن كل عالمنَا...

وإن صحونا فقدْ

ندري ولا ندرِي

أخطأت

ماذا سـيبدي من يرى ما لا يرى
لمـا اقتفـى أطيافـه فتبعثـرا

لا شـيء إلا ما اسـتثار شجونه
فتذكـر الـ مـا كان أن يتذكـرا

أفسـدت كل الصفـو لمـا اغتلته
ومضيـت أبتاع الذي لا يشـترى

لـم أدر مـا أذنبتـه حتـى بـدا
كالوهم ما قد جئـت مما قد جرى

يا ضيعة الأنفـاس في فلك المدى
مـاذا سـيجنيه العنيـد إذا انبرى

أنفـــال روحٍ فـــي المـــدار غريبة

إذ أينمـــا يمضـــي يثار ليشـــعرا

ســـنعيد ترتيـــب الدفاتـــر بيننـــا

لنشـــيد من رمـــل القوافـــي دفترا

ما زال في درب المســـافة فسحة

كي يستعيد اللحن ما اجترح الكرى

لا بـــاب للتلويـــم فيمـــا خطّـــه

فالحرف مثـــل الماء منفلت العرى

أخطأت في كل الحروف مســـارها

أخطـــأت حتى خفـــت أن لا أعذرا

وتـــر الحـــروف قصيدة منســـية

لكننـــي أكبرتـــه فاســـتكبرا

ما عـــاد للتيـــه المســـافر منطق

إن الحقيقـــة أن يمـــوت ويقبـــرا

أخطـــأت في كل الـ مضتْ بي دربهُ

إذ كل مـــا قـــد مـــر كان مقـــدرا

وقد اشتفتْ..

روحي ولاقت رشدها

مـــن مســـرحيَّاتٍ تـــدار لنعبـــرا

فالشــــهرزاديةُ النفـــاق مدارهـــا

والشهرياريةُ الـ بأنْ ننسى الورى

هو منطق الشـــعر الجنـــون يلفه

حتى إذا تـــاب الجنون اســـتغفرا

عوّدت صمتي أن يتبعك

عوَّدتُ صمتي...

دائماً أن يتبعَكْ

لكنه لمَّا انتشى بك ضَيَّعَكْ؟

أتراهُ

لوْ وقفتْ به قدماهُ

(عِنْدَ القَصْر)!

كنتِ ستخرجينَ ليَسْمَعَكْ؟

وتراكِ

كنتِ ستصرُخِينَ بوَجْهِهِ :

(عُدْ.. ما الذي - لَمَّا تَرَكْتُكَ - أَرْجَعَكْ)!!

أتُراكَ تَبكِي

مثلما أبكيتني؟

أَمْ يا تراكَ أَتَيتَ كيْ أبْكِي مَعَكْ!

عدْ لستَ مَنْ

يُصْفِي الوَفَاءَ لِأَهْلِهِ

حَطَّمْتَ مِنِّي أَلْفَ قَلْبٍ أَوْقَعَكْ

أَحَسِبْتَنِي

يَا (دَنْجُوَانُ) سبِيَّةً؟

إِنْ أنْتَ قَدْ أَغْوَيْتَهَا لَنْ تَمْنَعَكْ!

يا أيها المجنونُ

لا تحتلْ عليَّ بِكِلْمَةٍ...

أَوْتَادُهَا (مَا أَرْوَعَكْ)!

مات الأمس

لا توقظي الأمس...
مات الأمسُ وانقطعا
وأفسد الليلُ...
عذب الشوق فامتنعا

إني أرى الموت...
في أطراف قافيتي
وأسوأ الموت...
موتٌ يوقظُ الوجعَا

ما كان مكر...

الورى ما قد ننيب له

إن المرايا...

جنونٌ يتقنُ البِدَعَا

بيضاء أزمنتي...

لا شيء تألفه

إلا إذا صادفتْ...

من يتقنُ الورَعَا

عن أي ريحٍ..

نجوم الليل سائلة

ما دامت الريحُ..

لا تستنطق الولعَا

حتى النوازع لا

نصغي لنابحها

وموتها يسبقُ

الأقدارَ مندفِعَا

ماضٍ دفنَّاهُ منْ

دهرينِ قد سلفا

ومن دفنَّاهُ..

لا نرضيهِ إنْ طمِعَا

ما تاهَ منْ...

نفضَ الأوهام

عنْ يدهِ

لو يترك...

الوهم منْ...

أذكاه فاندَلَعَا

لا توقظي الأمس...

ما عاد الأمس يعرفني

فلستُ منْ...

يوقظُ الموتى ليرتفعَا

ولتقصري اللومَ...

باب اللوم منخلعٌ

إذ لا يلام الذي...

بالناس قدْ خُدِعَا

لست أدري

لست أدري

كيف مني ضعت مني

والهوى بابٌ

أداري فيه حزني

لست أدري...

لم عقلي شاردٌ

والقوافي...

سابحاتٌ في التمني

لست أدري..

كيف أمست حيرتي

دون قصدٍ...

لونها لون التجني

لست أدري...

حين أدري كيف بي

في المعاني...

غافلاً أرتد عني

على جناح الوقت

المــرء يحيــا ولا يــدري بمــا يأتِي
ويســتعير جنــاح الوقــت للوقــتِ

وليــس إلا التمنــي يســتبدُّ بــه
بيــن الخيال وبيــن الواهــم المُفتي

إذ ليــس للجهل مــن عقلٍ ســيعقلهُ
وليس للرجع صوتٌ في مدى الصمتِ

ولا إخــال الذيــن استرســلوا جــدلاً
ســيدركون به المحمود في الســمتِ

لا شـــيء ننـدبــه فالــروح ســالمة

ولا اعتــذار ســوى من لعنـــة المقتِ

واللاعبون اشــتروا ما سوف يتركهم

يســتدركون على المنعوت في النعتِ

أشتهي حلو الجنى

كل المرابــع تنتشـــي مــا حولنا
فاقنـــي حيــاءً إنني رهن الســـنا

صبّــي كؤوســك كلها وتبسّــمي
ودعي المواســم تستطيب الميجنا

لا ينتهي الفــرح المذوب في دمي
والقـــادم الآتـــي سيرســم ظلنـــا

قـــدري بـــأن ترتاح منـــي غفلتي
ليضوع ريحانٌ ونقطف ســوســنا

قدي القميص لكي تخفّ مواجدي

وتجملــي إن طــاب ليــل بينــنــا

فلقــد أطلتِ الصدّ عنــي والهوى

من ظل ليلي يشــتهي حلو الجنى

حســبي هواك فلا تكونــي طفلة

مــا جئــت أطلبها تجشــمت العنا

ينادمني دهر

ينادمنـــي دهــرٌ، زهــدتُ أنادمُهْ
وتلعــب بـــي أيَّامُـــهُ وأســـالمُهْ

ليســـلمني وجدي إلى منْ صفاتُهُ
بـــلا واصفٍ تعلو على من يزاحمُهْ

إلى أول التأويـــلِ ترجعني الخطى
إلى موطنٍ بالحبِّ جادتْ مواسمُهْ

وما كان إلا الطهر والصدق قائدي
إلى موكبٍ بالعطر هبت نســائمُهْ

نبـــيٌّ أتـــاه الأنبيـــاءُ جميعهـــمْ
قياماً وراءَ النـــورِ والنورُ خادمُهْ

هو المصطفى الهادي الذي رقَّ طبعهُ

وأعجــزتِ الركبان لطفــاً مكارِمُهْ

ومن كتــبُ التاريخِ فــاض مدادها

تمَجِّــدُ ضَخْمــاً لا تليــنُ عزائِمُهْ

كأنِّــيَ بالغاريــنِ حنّــا لفقــده

كما حنَّ للبيــتِ العتيــق حمائمُهْ

إلى الهاتف الداعي الأمين أسير بي

لمن هزمتْ عرش الملوك صوارمُهْ

رسـول يرى علم الغيـوب وإنما
له سـخر الرحمن ما هـو عادمُهْ

بياناً هـو السـحر المعتق والذي
تفـوقُ أفانيـن البيـان معاجمُهْ

وما تنصف المحمـود قبل انبعاثه
حروفي ولا توفي العظيم عظائمُهْ

سـقاك وأسـقانا بـك الله رحمة
يبـشّ لها وجـه النـدى وتلائمُهْ

مروا جميعاً

مــرُّوا جـمـيـعاً

وَانْـتَـشَـوْا بـعَـذَابِـي

إلاكِ يـــا مـجـنـونـةَ الأَهْـــدابِ

بـالـسحر

تـفـترشين فـوق قـصائدي

مــثـل الـنـدى وأنــا عـلـى أعـصـابي

لـــن تفـهـميني

إنـــي أنـشـودةٌ

ولـقـدْ عـشـقت لـكـي أعيد صوابي

كـل الـمـراكب

فـــي دمـــي أغـرقـتـها

وكـسـرتُ أشـرعـتـي بـــلا أسـبـابِ

إنــي أنــا

الـمـصلوب بيـن مـدائـنـي

فــي حــالــة أخـــرى مــن الإعــرابِ

والـقـبـلـة الأولـــى

تـذيـب مـلامـحي

لأكــون خـلـف الـشـمس دون حـجابِ

مــن أيــن أبــدأ

والـصباحُ بـلا فـمٍ

والـلـيل مستترٌ بــدون ثـيابِ

والــنــار تــلـفحُ

والـمـحـيط

يـــشـــدُّنــــي

ولأجـلـك استـعذبت مــرَّ شرابي

ها قد جعلت

الـدرب وِرداً صـافـياً

وبـنـيـتُ مـمـلـكـتِي مــن الأعـشـابِ

لا لــن أكــون

كـمـا الـضـبـاب وأخـتـفـي

بــل سـوف أبـقـى طـيِّـعَ الـمـحـراب

إنـــي أحبك

مـلء قـافيتي الـتـي

اغـتـالـثْ جـمـيـع بـنـادقي وحـرابـي

كيف استلبت

النور من وهج الضحى

وأثــرت مـلـحـمـة مــن الإعـجـابِ

حتى قلبت

عليَّ كل مواجعي

وسكبت أنخابي على أنخابي

تهفو إليك

الروح مهما أدعي

يا من عليك ملامتي وعتابي

أنا والشعر

الشـــعرُ منِّـــي إلـــيَّ يلتجـــئُ
لا ينتهـــي إلَّا حيـــثُ يبتـــدئُ

أمـــا الذيـــنَ اهتـــدَوْا لمنبعِـــهِ
ما شـــربوا منـــهُ نالهـــمْ ظَمَأُ

أجتـــازُ دربَ المَجَازِ مُنْتَشِـــياً
حتَّـــى كأنِّـــي عليـــهِ أَتَّكِـــئُ

تميمَتـــي ميـــزانٌ وقافيـــةٌ
أطيـــلُ فـــي نسْـــجِهَا وأجتزِئُ

كالكهــفِ أرواحُ الليلِ تســكنهُ

والنـاسُ لمَّا ابتُلُوا.. بهِ اخْتبؤوا

لــو جــاءهُ هدهــدٌ يُؤَوِّلُــهُ

لظــنَّ موهومــاً أنَّــهُ سَــبأُ

خبــزٌ بطينِ الإحســاسِ نعجنهُ

لكنـــهُ لا يــروقُ مــنْ صبَؤوا

يأوي لـــهُ العابــرونَ في زمنٍ

متى تناســوْا حرفِيْ فما قرؤوا

أعلنت أني

كلما قلت:

إنني قلت: إنِّي

وإذا ثُرْتِ..

ناب صمتيَ عنِّي

أنا أحيا..

كما ألفتُ خليّاً

وإذا ما..

اتُّهِمْتُ أعلنتُ أنِّي

رافضٌ..

كلَّ ما يقالُ بجهلٍ

والذي...

لا أريده ليس منِّي

أنا لا أبتغي...

نفاقَ عييٍّ

كلما لجَّ بي..

يخيِّبُ ظنِّي

أنا في آخرِ...

المتاهةِ ظلٌّ

لا يراني...

الذي يعاقرُ دنِّي

وَإذا ما برمْتِ..

منْ طول صمتي

فاستريحي..

من الرؤى واطمئنِّي

ودعيني...

أصون عنك جنوني

وذري الخوض..

فيه كي لا تُجَنّي

غفوة في القلب

جفنٌ غفا..

بين النجوم وطوَّفا

من شوقه...

كتم الهوى وتكلَّفا

كم بات في

خلواته يشكو النوى

لما كواه الهجر

منا واكتفى

يبدو كما...

لو قد تبلسم بالمنى

لكنه ما إن..

بدا حتى اختفى

من أين يدرك..

في الخيال خياله

وخياله بين

الرموز تصوفا

عاصيته...

شاغبته... شاكسته

هذا الذي..

في صمته قد أسرفا

ماذا تبقى...

والغموض يلفّه

أنصفته

يا ليته لي أنصفا

يا أيها...

الناسي لمن عبروا به

جاء المساء

فلو تمدُّ الأحرفَا

واحضن فؤاداً...

طال عنك غيابه

أو هكذا التعليل

منك لمن هفا؟

ما بال فكرك...

مال عني والتوى

حتى حسبت

بأنه مني اشتفى

يا أيها الناسي

جنون وعوده

أين الوعود؟

وأين ساعات الصفا؟!

لو قلتُ:

إن القلب ذوّبه الهوى

لتركتني..

واخترت أن تتطرّفا

جدلية التأويل

عتباً عليَّ..

احترفتُ السيرَ في الماءِ

لا تنتهي...

في مدايَ الحرُّ أنوائِي

معزوفةٌ..

لست أدري كيفَ ألجمها

في لجةِ البحرِ

عن طيني وأهوائِي

يقول لي عنِّيَ العرَّافُ:

أنْت هُنَا تجتازُ شطَّينِ

بين الحاءِ والباءِ

الحاءُ أعرفها

كالماءِ حالمة

والباءُ كالبرِّ

يبدو فيه مينَائِي

أنا هنا غير أنْ

من قبلُ كنتُ هناكَ

باسطاً لشراعي كل آلائِي

وبعد كوني هنا

عاد الحنينُ إلى هناكَ

يمشي على آثار أسمَائِي

أنا هنا تُعْجزُ

التأويلَ أزمنتي...

حدود خارطتي

من وحيٍ إيحَائِي

بعض متاعي

تقتاتُ من روحـــي حروفُ يرَاعِي
حتى ألفـــتُ بهَـــا دروبَ ضيَاعِي

إذ رقـــةُ المعنـــى تغـــازلُ حيرتي
وتزيـــدُ أوجاعـــاً علـــى أوجاعِي

لا ظـــلَّ كـــي ترتـــاح أزمنتـــي به
لا (أيـــنَ) إلا أنْ أعيـــشَ صراعِي

ألقيـــتُ مجدافـــي لأعبـــر بحرهَا
لكننـــي ضَيَّعْـــتُ فيـــه شـــراعِي

كـــمْ قُدَّ مـــنْ قُبُلٍ مَسِـــيري نحْوهَا
وتكسَّـــرَتْ من غُنْجِهَـــا أَضْلَاعِي

(ســـرقَتْ فؤَادِي ثُمَّ شـــدَّتْ عِيرَهَا

فصرختُ إني قدْ فقدْتُ صُوَاعِي!)(*)

يـــا أيُّها الرَّكْبُ ابْحَثُـــوا في رَحْلهَا

ما جـــازَ أنْ تمْضِي ببعضِ متاعِي

---

* البيت للشاعر أيمن بوابير.

للحبّ صوت

للحبِّ صوتٌ

إن تكلَّمَ يُعلَمُ

أنِّي بأطيافِ

القصيدةِ مُغرمُ

لا وحيَ إلا

وحيها يقتادني

لولاهُ ما

كنا لهَا نَستسلِمُ

فـكـرٌ وإيـحـاءٌ

نـلـوذ بـظـلِّـهِ

وإذا سـكـتْـنـا

بـعـدنَـا يـتـكـلَّـمُ

ماذا سأكتُمُ

أو سأخفي جاهداً

فـاض الذي

أخفي فما ليَ أَكْتُمُ

لا ذنـب لـي

لـكنما هـو صـوتـهَا

لا أبـتـغي

فـيـه الـذي لَا يُفْـهَمُ

لا أستطيع...

لا أستطيع بأنْ أردَّكْ
يكفي فهذا البحرُ ضدَّكْ

لا أستطيع ولوعتي
والحزن أقسمَ أن يَصُدَّكْ

لم أستطعْ نسيان ما
ولَّى وما قاسيتُ بَعدَكْ

ما لي إليك وسيلةٌ
إلا الجراحُ تلوكُ حِقْدَكْ

يكفي التجمُّلَ أنني
أقبرتُ قلباً رام ودَّكْ

تـلـك الـلـيـالـي لـم تـكـنْ
شيئاً وقـدْ أَبْـديْـتِ عِـنْـدَكْ

مـهـمـا تـكـنْ بـي طـيـبـةٌ
لـن تستريحَ الـرُّوحُ عِـنْـدَكْ

ودَّعـــتُ نـفـسـي واثـقــاً
أَنَّ الـفـؤادَ اغـتـالَ وَعْـدَكْ

لا أسـتـطـيـع عـزيـزتـي
والقصدُ خالفَ منكِ قصدَكْ

حــاولــتُ ردَّكِ جـاهــداً
لـكـنَّ قُـربـكِ زادَ بُـعـدَكْ

لم أستعدني

كمدىً...

ضاق من ليالي التجَني

صرتُ أدنى

أَوْ قاب قوسينِ مِنِّي

هل ترى هكذا..

هو الصحو يَبدو؟!

أم تراني

عثرت بي بينَ حزْني

أم تراني

احترقت بين ضلوعي

بِلهيب الهوى

الذي غابَ عنِّي

سرقتني الدروب

بين حنيني وجنوني

وحيرتي والتمنِّي

كيف أني

نسيت شطر زمانٍ

لم يزلْ ليله يعاقرُ بُنِّي

كيفَ أني...

غفوت ذات مساءٍ

ثمَّ حينَ استفقتُ

لمْ أَستَعِذْنِي

أنيري ظلامي

أنيــري فـــي ظــلام الــروح كلِّي
وصونـــي بعض وشوشــتي لعلِّي

ســأترك هلوســاتي دون عــوْدٍ
وأرســم بالحروف خطــوط ظلِّي

أنيــري مــا تبقَّــى مــن جنوني
وكونـــي أنــت عنــوان التجلِّــي

وكونـــي نشــوةً حيــرى بليلــي
عســايَ عســايَ أهوى فيكِ حِلِّي

أسير معي

أسير معي..

وتمشي بي خطايا

لترسمني

لحون الليل نايا

ويلعب بي

الهوى طوراً وطوراً

تجافيه المرافي

والمرايا

عصيٌّ في

الدنوِّ كأن روحي

تعاند ما تشرْنقَ

في الحنايا

أسيرُ كغيمةٍ

وكطيف نجوى أعودُ

لأقتفي بعض الحكايا

أراك كأنما

أنت الأماني التي

لا يستظلُّ بها سوايا

فأكتم لوعتي

وأمرُّ سهواً ألملمُ..

كمْ ألملمُ منْ شظايا؟!

دلال فاتنة

بِـالأَحْـمَـرِ الـلَّـهَّـابِ والْـكَـاعِـبِ الـلَّـبْـلَابِ
وَبِـمُـقْـلَـةٍ قَـتَّـالَـةٍ وَبِـنَـاهِـدٍ وَثَّـابِ
لَـمْ تُبْقِ بِي مِـنْ لَهْفَةٍ مَـجْـنُـونَـةِ الأَعْـصَـابِ
إِلَّا وَزَادَتْـهَـا لَـظىً بِـصَـبَـابَـةٍ وَتَـصَـابِـي

نصف شوق

نصْف شوقٍ..

واكْتَوَيْنَا

وظمئْنَا..

وارْتَوَيْنَا

يا لقلبٍ

منْ حريرٍ

لا يرى

في الودِّ مَيْنَا

نصفُ شوقٍ..

وطربْنَا

وفرِحْنَا..

وانْتَشَيْنَا

صاحَ صوتٌ

بالحنايا:

ليتَ أنَّى ما الْتقيْنَا

ليت أنَّى

نصفُ ذكْرى

في مرافي حاجبَيْنَا

كيف لوْ

مُكِّنَ عشقٌ

وسهرْنَا

واشْتَكَيْنَا

والهوى..

مِنْ نصفِ شوقٍ

صار مَفْرُوضاً عَلَيْنَا

صار كأْساً منْ سُلَافٍ

صارَ أغلى ما لديْنَا

نصفُ شوقٍ..

وضَحِكْنَا

نشوةً ثُمَّ ارْعَوَيْنَا

مثل طِفْلَينِ..

لعبنَا

وركِبْنَا وازِعَيْنَا

وسكرْنَا بالليالِي

وانتهَتْ منا إلَيْنَا

ليت أنَّ الفَجْرَ يبْدُو

لهُدِينَا وَاهْتَدَيْنَا

متشرد في الصبابة

ما ذنـــب قلبٍ قــد غرقــتِ بحبِّهِ
إن كنتِ في ســـربٍ نأى عن سربهِ

لا حـــبَّ أعرفــهُ فقلبــي ميِّــتٌ
مُتهالــكٌ.. نعــق الغــرابُ بدربهِ

ماذا سيحيي العشــق في نبضاته
مـــا دام قد عجــز الطبيــب بطبِّهِ

مـــا ذنبُ حرفٍ في الغرامِ ســكبتهُ
حتــى تَجــودي بالدموعِ لســكْبهِ

متشــردٌ أنــا في الصبابــةِ مغرقٌ

لـكـنَّ قـلـبـي لا يـتـيـهُ بـعـجْـبِـهِ

وطنـــي الرحيلُ فــلا حنينَ يعيدني

وطنـــي الرمـــادُ ولا ســـمادَ بتُرْبهِ

هــذا الشــقيُّ يحبُّ عطــرَ جنونهِ

فدعــي الذي مــا لا ســبيلَ لِحُبِّهِ

سله عنا

تواضعنا فقالوا خاف مِنَّا
ولو ثرنا لكنَّا ثمَّ كُنَّا

قليلُ العقلِ تعميه البرايا
ولو رمناهُ إذلالاً لَجُنَّا

يرى المجنونُ في الأوهام عقلاً
ولو عاملتهُ بالحسنِ ظَنَّا

كـرهـتُ شـقـاوة الإنـسـان حـتـى
غدوت أرى امتشاقَ السيف فَنَّا

أداري الـنـفـس أن تُـبـلـى بـحـقـدٍ
لأنـــا إن بُـلـيـنـاهُ (فـإنَّـا)

إذا أولاك بـــالـتـعـظـيـم غِــرٌّ
فـإمَّـا عــاد عـنـدكَ سـلـهُ عَـنَّـا

زمن بريء

وجع الحنين.. بأعيني مقروءُ

لكن أخـــاف عليه منـــك ينوءُ

كم من رســـائل بيننـــا مكتومة

في طيّها الشوق الدفين جريءُ

كثر العـــواذل منذ قلـــت بأنني

بعد العيون السود صرت أضيء

ما عدت أدري بالذي قد حلّ بي

منـــذ التقيتك والزمـــان بريء

من ذا يحل طلاسم الكلمات في

روحي ليكشف سريَ المخبوءُ

قلوب النساء فنادق

للقلب في الحب الجميل حدائقُ
مهما يشاكس في هواه المارقُ

ما كل من بسط الوداد بصادق
كم يدعي صدق الوداد منافقُ

وإذا بليت بطفلة فتانة
فاحذر فخلف الحسن جيشٌ عاشقُ

قلب الرجال يذوب دوماً خلفهم
لكنهم مثل الرعود بوارقُ

كم عذبوا من شاعرٍ ذاق الهوى

بعد التعلق أنكروه وفارقُوا

يا من تروم العشق لا تعجل به

إن الرجال لدى النساء بيادقُ

لو قلت إني في ادعائي كاذب

فانظر إلى حيث الرجال تسابقوا

صفحاتنا من دونهم مهجورة

إلا النساء لها القلوب فنادقُ

ما ضرني البحر

مَا ضرَّني البحرُ إنْ جَاوَزْتُ شَاطِئَهُ
إذ ليسَ يخْشَـــاهُ إلا منْ بِـــهِ رَكِبَا

روحِي شراعٌ وسحرُ الكونِ مرْكبها
ولن يضيرَ شـــراعِي ناعـــبٌ نَعَبَا

هي الحيـــاةُ إذا طابـــتْ أطيبُ بِها
ولستُ آسَـــى علَى شيءٍ بهَا ذهبَا

من أي نوع أنت

يا أيُّها السَّادرُ في غَيِّهِ

قلبي الوجيعُ..!

ازدَدْتَ في كيِّهِ

أطمعتني

حتى إذا فزْتَ بِي

ما فزتُ بالوصلِ ولا ريِّهِ

وكلَّما اشْتَكَيْتُ..

- يا هاجري -

من حرقة العشقِ.. ومن لَيِّهِ

مددْتَ لِي البسَاطَ..

حتَّى إذا أمِنْتُ فيهِ..

عُدْتَ فِي طَيِّهِ

هَذا الهوَى..

يشكُو إليك النَّوَى

من أيِّ نوعٍ أنْتَ مِنْ أيِّهِ؟!!

الشعر حاء

الشعر حاءٌ والقصيدة باءُ
وتزاد فيه من المعاجم راءُ

والقابعون مع النوادب شلة
ليست تشاكل ما يرى الشعراءُ

والشاعر الفياض لا يدري بهم
فعيونهم وقلوبهم عمياءُ

قل ما تشاء ولا تكنْ متعنتاً
إن القصيدة منهلٌ ورواءُ

بالحب غنت منذ عنترة
الفوارس «إذ سبته مليحةٌ عذراءُ»

منذ امـرؤ الـقـيس اقـتـفى طـللاً
«قـفا نـبك» الذيــنَ ديارهمْ جدباءُ

مـذ قـــال كـعب لامـيةَ اعـتذارٍ خفيةً
واسـتـلـطـفـتهُ الـبـردة الـسـمـحاءُ

وأتـــى الـذيـن أتــوا إلـيـنـا بـعده
قـيـسُ الـقـتـيلُ وبـعـده أسـمـاءُ

لا شــعــر إلا والــهـوى مـحـرابـهُ
قـصـرَتْ بــه أم طـالـتِ الأصـداءُ

يـكـفي الـذيـن يـكـابرون نـفوسهمْ
أن الـقـصـائـد تـاجُـهَـا حــوَّاءُ

وإذا أرادوا يـمـدحـون الـمـصطفى
جـعـلـوا الـهـوى في مدحـهِ الإيحاءُ

نسيان

تعبتُ منَ الحســودِ وهلْ دواءٌ

يُرَجَّى في الحياةِ منَ الحســودِ

فــؤادي فــارغٌ مــن كلِّ غــلٍّ

فما بالُ الحســودِ على الوقودِ

ســتبقى النَّارُ في واديكَ تذكى

وناري لا تثــارُ مــنَ الخُمُودِ

نســيتَ وحقُّكَ النســيانُ طَبْعاً

إذا أمســيتَ من رهــطِ اليهودِ

إلى مشاغبة...

لــمْ تســمعِي النُّصحَ منِّــي لا تلُوميهِ
ما عــادَ يسْــطيعُ جبراً من تَشــظِّيهِ

قلــبٌ تبعثــرَ أوجاعــاً وفلْســفةً
من شــدَّةِ اليأسِ قــدْ أقْصَــى مُحبِّيهِ

لــم تبصري الغيــرةَ الكُبــرى تُؤَرِّقهُ
حتَّــى غـدَا غاضبــاً مــرّاً تَجافيــهِ

قَتلتــهِ قتْــلَ عمْـدٍ يــا مُشَــاغبةً
وزدْتِ في الجرْحِ.. في النِّيرانِ تكْويهِ

إن كانَ نصــحٌ فكــمْ أوفــى بأحْرُفهِ
فكيــفَ عَــادتْ كمــا سُــمٍّ قوافيــهِ

كلُّ الذنــوب مــنَ المَعْشُــوقِ هيِّنــةٌ
إلا مــزاحــمــةٌ مــن غـيـرنَــا فـيـهِ

بلا عنوان

نســـينا كل مـــن مـــروا خفافاً

ومـــا زال الـهوى قلق الوســـــادِ

إذا مـــال الفـــؤاد إلـــى كعوبٍ

أتـــاه النـهي عن شـــوك القتادِ

فمـــا جاز الغـــرام على ظنوني

ولا أمســـيت فيـــه بلا رشـــادِ

فــؤادي إن أحـــب يحــب ليلاً

وعند الصبــح ينكرني ودادي

فإن عاد المســاء أحن شــوقاً

وأندم كيــف غالبنـــي عنادي

أقـــول بأن ما بـــي محض وهم

ولكن عزّ عـــن وهمي ابتعادي

أنا والمواكب

ظلان نحــن على ضفــاف العمرِ
نمشــي معاً نقتاتُ جمــر الصبرِ

ننأى عــن النوكى الذيــن تهللوا
من بعد مــا ذاقوا رحيــق العطر

يا شــمس مــا للنور يلمــع خافتاً
رغم احتراق الجمــر تحت الجمرِ

في واحة الذكــرى دروبٌ أُرْتِجتْ
مــذ هيَّجَتْهُ علــى الهجــاءِ المرِّ

ما عدت أشــتاق الرجــوع لراحلٍ
عبثــاً إلينــا حــنَّ بعــد الهجــرِ

أولــمْ أَقلْ: كفُّــوا ســيوفَكُمُ التي

صدئَتْ فلنْ تسْــطيعَ كَســرَ الحُرِّ

أولمْ أقــل إني سأنســى روضَكمْ

وأغيــب عنكــمْ إن عصيتمْ أمري

وتجنبــوا غضبــي إذا فجَّرتــهُ

إن النفــاق بــدا كوجــهِ البــدرِ

كــم قلــت لكــنَّ العنيــد مكابــرٌ

حتــى أتــى الأمر الــذي لا يدري

لا تطمعــوا أبــداً بليــن جوانحي

إذ لســت أعذر من ينــازع فكري

إنـــي ســلوتُ ولن أعــودَ لكوكبٍ
أمســـى رهين ظلامهِ المستشري

ظــلان ما بيـــن الظــلال هما هما
من أيقظا شغب الحروف بصدري

أنا والعيون الســـود نجتاح المدى
واللهفة الحيرى تشـــاكس سطري

والمـــرود الكحليُّ يرســـم موعداً
فـــي هـــدأة الليل البهيم بشـــعري

أنـــا والمواكـــب نســـتعير مجازنا
بيـــن الليالـــي والنجـــوم الزهـــرِ

همساتك

حنَّت إليكِ

الروحُ بعد تردُّدِ

لما اختفيتُ

وراء شوقٍ مجهدِ

ما زلت أذكرُ

عطر أنفاس الضحى

عطر الصباح..

وعطر ذاك الموعدِ

همساتك اللائي..

بقلبي صنتها

أدمنتها حدّ

الجنونِ السرمدي

كم كنت مختالاً

على عينيك من

خوفي ومن

كيد القلوب الحسَّدِ

يا للبهاء لقد

رأيتُ أميرة

بينَ الكواعب

مثلها لم تُوجدِ

يا موطني..

الأغلى الذي شيعته

آهٍ من الزمنِ

الذي أشقى يدي

هل مات حقاً

كل ما عشنا بهِ

أم أن قلبي

مات بعد تنهدي

يا للحنين..

ويا لشوقي بعده

كيف ابتعدت

وكيف بي لم أبعدِ

كم حذروني

إِنَّ حسنكِ قاتلٌ

كم حذروا:

لكنني لم أرشدِ

قالوا:

تناساها ولا ترجعْ لها

فنسيت لولا

الشوقُ أفسدَ مرقدي

يا أنت لا أنثى

نعمت بقربها

إلاكِ حتى..

خلتني أهوى غدي

ويمضي كل ما كتبوا

هاج القريضُ..

وهاج اللغو والصخبُ

ولم يعد لتعاطينا..

العلا نَسَبُ

دع التخاريف

قدْ أزرتْ بقيمتها

لن يغليَ الطِّينَ يوماً

لونه الخضِبُ

فكل قافيةٍ..

تغتال جارتها

بكلِّ قافيةٍ للغير تنتسبُ

تجارة الشعرِ..

أمستْ غير كَاسِدَةٍ

ما دام يصنعُ..

للأوهامِ مغتصبُ!

حتى الحروف لها..

قِسٌّ.. يعمِّدُهَا

والمال عرفٌ..

فلا تأسفْ إذا نعبوا

لن يدرك المجدَ..

من بالمالِ يكتبهُ

يمضي الزمانُ..

ويمضي كلُّ ما كتبُوا

كما أمشي

أمشــــي كما أمشي ولا أدري بمَا
يهذي بـــه ليــلٌ علينا ســـلَّمَا

«وَالنَّفَّرِيُّونَ» اسْتَوَوْا مطراً على
أعتابهمْ مرَّ الســـرابُ وهَمْهَمَا

حتى الــذي شــالتْ نعامتهُ أتى
متفلســفاً متمنطقــاً متكلِّمَــا

والذئبُ هل ينســى طبائعه التي
جعلتهُ عند الجوع ذئباً مجرمَا

هل يا تـــرى في البيد تنفعُ خيمةٌ
أوتادها ضاعتْ وصارتْ معلمَا؟

في كل صحوٍ تغرق الأَوهامُ في
جــبٍّ عميقٍ فيــهِ ليــلٌ أظلمَا

نام اليراعُ على الحروف معانداً
وأتـــى إليــكَ محلِّــلاً ومحرِّمَا

في هذه الأرض اليباس جديلةٌ
وعلى المحيط اختطَّ ليلٌ أنجما

جهــلٌ محيطٌ والمـــدار تناقضٌ
لو صـــارَ حــرٌّ خلفــهُ لتقزَّمَا

أمل ورجاء

يعذبنـــا التأمُّـــل والرجـــاءُ
نـقـاوم بيننا مـا لا نشاءُ

ونحلم في الحياة دوام سعد
وأن لا يستبدّ بنا الشقاءُ

وأن نلقي التحية أين سرنا
تجملنا الـمـودة والإخـاءُ

أنا كالنـــاس لا أرضى بظلمٍ
إذا ما الناس في عرفي سواءُ

وآبـــى أنْ أليـــنَ لزيفِ قومٍ
معاولـــه التكبـــر والجفاءُ

ولا كنـــا نحاســـبهمْ هبـــاءً

إذا ما جمَّلَ المرءَ الدعاءُ

فمن خلق الورى إعزازُ نفسٍ

وقـدر المرء يرفعه الإبـاءُ

سنغدو ذات يومٍ طيف ذكرى

وننســـى ما تجنَّـــاهُ الرياءُ

نسير مع القضاءِ على حياءٍ

إلى أن يستفيق لنا القضاءُ

حديث المساء

أنــــامُ وأصــحُــو لــعلّــيَ أسلُو
وفي ظــــلِّ عينيكِ قدْ نــــامَ ظِلٌّ

أمــــرٌّ عــلــيـكِ كـطـيـرِ حـمـام
يـغـالـبـهُ شــوقُــهُ فَـيَـظِـلُّ

ولا كأسَ تروي يباسَ الليالي
ولا غيــمَ يُهدى ولا جــادَ طَلٌّ

ألا أيُّـهـا الـطـيـفُ أشقيتنِي

بما لســتُ أبــدي إذا مَــا أُطِلّ

أقــولُ لـنـفـسـيَ لا تَـكْـتُـمـي

هــواكِ ولكــنْ يعانــدُ عَقْــلُ

ككلِّ النســاءِ تَــراكِ الغوادي

ســوايَ فـأنـتِ بِـعَـيْـنِـيَ كُـلّ

أمانينا...

أمـانـيـنـا تـطـيـر كـمـا الـسـرابُ
وبــاب الـسـعـد غـلـفـهُ الـضـبـابُ

نــسـطـر بــالـرجـاء صـروف دهـرٍ
ظـواهـرهـا كـبـاطـنـهـا عــذابُ

نــرى بـلـد الـعـروبـة صـار نــهـبـاً
مــراوحـه الـتـصـحُّـرُ والـيـبـابُ

كــأنـا أمـــةٌ وجــدتْ لـتـشـقـى
وحـامـيـهـا مــع الأعـداء نــابُ

تـعـلـمـنـا الـمـهـانـة والـتـشـظّـي
مـتـى قـمـنـا لـمـا نـصـبـو نـصـابُ

ألـفنـا أن نــقـاد بـكل عـلـجٍ

وإن صـرخَ الـمقرَّبُ لا يـجابُ

نـعاقب - إن رفـضنا أو قـبلنا -

فــلا مــنـأى لــنـا إلا الـعـقـابُ

مـتى يا عرب نصحو قد برمنا

وقـد طـمت الـركـائـب والـركابُ

نرى في الأمس أمجاداً عظاماً

يـتيه بـها على الـزمن الـتراب

وأمــا الـيوم يــا ويــحـاه مـنـا

لـمـاضـينا الـفـضيلة والـثـواب

غرناطة المفقودة

فـــي كل زاويـــة بكونيَ تشـــرقُ
يحنو عليَّ مع الشـــموسِ المشرقُ

غرناطـــةُ المفقـــودة الحلـــمُ الذي
ما زال فـــي ظلِّ الأماســـي يخفقُ

لكأننـــي فـــي حضن قرطبـــةٍ أرى
ولادةَ الأشـــعار ســـحراً تنطـــقُ

لا شيء يحزننِي سوى لون الأسى
فـــي مـــاء نهريهـــا إذا يتدفَّـــقُ

يا بلســـم الجرح القديـــم بأضلعي

لا تحزنـــي إنـــي لحزنـــك أقلـــقُ

منـــذ البدايـــة كنت أنـــت حكايتي

المثلـــى التـــي في ظلهـــا أتخنْدقُ

منْ شمس أندلسي يغازلني الهوى

كن عاشـــقاً ما مات قلبٌ يعشـــقُ

بعض النفوس

يا هائماً وحــروف اللؤم تفضحه

لن يستطيع لحجب الشمس غربالُ

إن الهجــاء لرعديــدٍ يجانســهُ

مهما ادعــتْ لنقاء النفــسِ أنذالُ

إنــي ســأفتح بابــاً لســت تغلقه

حتى يــؤوب لطبع الرشــد أطفالُ

كل الأحاديــث تأتينــي نواعقهــا

فافــرح بغيّــك إن الأصــل طبالُ

بعض النفوس بخبث الروح نعرفها

تجني المســاءة والأفعــال أقوالُ

قصيدة...

تقول الحكاية: إن هناك قصيدةْ

تجوب الفلا والفيافِي

وتسبح فوق الضفافِ

لتكسب في البوح روحاً جديدةْ

عصفورة

لجمالها وقفَ

الحجيجُ وصفَّقُوا

وعلى النوافذِ

«أحوصٌ» يتمنطَقُ

من هذهِ الحسناءُ؟

تلوي صوتها

وثابة ولها

غدٌ متألِّقُ

ومن الذي

خلف الستارة

واقفٌ لحروفه

في السمعِ

لونٌ مُشرقُ؟

لكنه عنها

يميل بخوفه

فيبوح طوراً

ثم يرجعُ يُطْرِقُ

سيري عصافيري

إليه وغازلي

أطيافهُ ودعيه

عندك يغرقُ

وتهدديه فإنْ..

أبى فتوعديه

وإن أصرَّ ففي

جواريَ فيلقُ

وأنا أسائلني

عن الماضي انقضى

مذ جاءني

سرب الكواسر ينعقُ

ما كنت أعمى..

عن رشاقة خطوها

عصفورةٌ ما

مثلها قد يخلقُ

أتودها...

آهٍ من الودّ الذي

عاندتهُ أمسى

بقلبيَ يخفقُ

تياهةٌ...

وضاحةٌ... لماحةٌ

للحبِّ عقلٌ:

لا ولا ليَ منطقُ

ذنبي حسن ظنوني

تركــتُ التيهَ خلفــي والوصَايَا
وكلّ الـ مَا تلاشـــى في الزوايَا

وديراً بالمشـــانقِ مــالَ نحوي
عســـاي أحنُّ للماضي عسايَا

أحـــاذرُ ظـــلَّ محتـــالٍ عنيـــدٍ
تشـــعَّبَ في دمي مثلَ الخطايَا

بِألــفِ حكايـــةٍ أجتـــرُّ ليلـــي
مَعَ الذكرى التي أمستْ شظايَا

أرى كهفـــاً قديماً عاد يمشـــي
يعانـــد أن تجـــاوزهُ خُطايَـــا

جراح الروح لا تشــفى سريعاً
لتصنع مـــن مواجعها أســـايَا

أنـــا المصلوبُ منْ زمـــنٍ بعيدٍ
وذنبي كان في حســـن النوايَا

عروج

عرج إلى الشعر وارتجلْ جملاً
تهديك حلـو الجنـى قوافيها

فتحـت ظـل القصيـد ملحمةٌ
للخمـر قـد أينعـت دواليهـا

كـم راضهـا قبلنا فوارسـها
باللـين حتى رقت حواشـيها

متـى طلبـت الأشـعار أكتبها
بل أطلب السـحر في معانيها

أسكب روحي في روحها جذلاً

وأتــرك النــاس كــي أدانيها

وكلما اشــتقت أن أفــوز بها

إلا وطوعتهـا لأرضيهـا

أشــربها مثــل الماء ســائغةً

ولا يمــلُّ الترديـد قاريهـا

فليمــرح القلب فــي مرابعها

وإن تجافــتْ فلــن أجافيهـا

ارتداد

آن للرشـــد بـــهِ أنْ يرْشُـــدَا
وبـــأن يدنـــو لينســـاه المَدَى

لم يدعني الليل أنســـى غربتي
إذْ بمـــا فيـــهِ تَجَلَّـــى أسْـــوَدَا

إنمـــا والصـــدق لا نشـــقى به
أنـــت معراجي الذي مـــا أُبْعِدَا

أنـــا ما أنكـــرت ترياقـــي الذي
لـــم يمل يومـــاً ولا يومـــاً عَدَا

آن أن تنســـى يــدي ضَيْعَتَهَــا

كي أعيدَ الــروح لِي والموعِدَا

ليــس للذل مــراحٌ فــي دمي

غير أني مدمــنٌ رجعَ الصَّدَى

لا تلوميــهِ علــى ترحالــهِ

آن أنْ يَرتــدَّ عــنْ كلِّ العِــدَى

الحمد لله

الحمدُ للهِ

كلُّ الحَمْدِ وَالشُّكْرِ

على الذي نلتُ

منْ صَبْرِي عَلَى أمْرِي

ربي الذي

جعلَ الأيَّامَ شَاتِيةً

فالماءُ في برِّه

والماء في البحرِ

والحمدُ للهِ..

إنَّ الحمدَ نَافِلَةٌ

منْ أَعْظَمِ الذُّخْرِ

فَاسْتَكْثِرْ مِنَ الذُّخْرِ

والحمدُ لِلَّهِ..

والْمَحْمُودُ رَازِقُنَا

ربٌّ يجازي

على التحميدِ بالأَجْرِ

ربٌّ كريمٌ..

تفوقُ الخلقَ قُدْرَتُهُ

ندْعُوهُ سرّاً

فيُعْطِينَا عَلَى جَهْرِ

فَالحَمْدُ للَّهِ..

ثمَّ الحَمْدَ نُتْبِعُهُ

لِلْحَمْدِ..

حَتَّى يَكُونَ الحَمْدُ كَالذِّكْرِ

الفهرس